Sam Hyacinthe Dehlot

Le Chrétien et L'alcool

Sam Hyacinthe Dehlot

Le Chrétien et L'alcool

Les voies bibliques d'un jeûne spirituel

Éditions Croix du Salut

Impressum / Mentions légales

Bibliografische Information der Deutschen Nationalbibliothek: Die Deutsche Nationalbibliothek verzeichnet diese Publikation in der Deutschen Nationalbibliografie; detaillierte bibliografische Daten sind im Internet über http://dnb.d-nb.de abrufbar.
Alle in diesem Buch genannten Marken und Produktnamen unterliegen warenzeichen-, marken- oder patentrechtlichem Schutz bzw. sind Warenzeichen oder eingetragene Warenzeichen der jeweiligen Inhaber. Die Wiedergabe von Marken, Produktnamen, Gebrauchsnamen, Handelsnamen, Warenbezeichnungen u.s.w. in diesem Werk berechtigt auch ohne besondere Kennzeichnung nicht zu der Annahme, dass solche Namen im Sinne der Warenzeichen- und Markenschutzgesetzgebung als frei zu betrachten wären und daher von jedermann benutzt werden dürften.

Information bibliographique publiée par la Deutsche Nationalbibliothek: La Deutsche Nationalbibliothek inscrit cette publication à la Deutsche Nationalbibliografie; des données bibliographiques détaillées sont disponibles sur internet à l'adresse http://dnb.d-nb.de.
Toutes marques et noms de produits mentionnés dans ce livre demeurent sous la protection des marques, des marques déposées et des brevets, et sont des marques ou des marques déposées de leurs détenteurs respectifs. L'utilisation des marques, noms de produits, noms communs, noms commerciaux, descriptions de produits, etc, même sans qu'ils soient mentionnés de façon particulière dans ce livre ne signifie en aucune façon que ces noms peuvent être utilisés sans restriction à l'égard de la législation pour la protection des marques et des marques déposées et pourraient donc être utilisés par quiconque.

Coverbild / Photo de couverture: www.ingimage.com

Verlag / Editeur:
Éditions Croix du Salut
ist ein Imprint der / est une marque déposée de
OmniScriptum GmbH & Co. KG
Heinrich-Böcking-Str. 6-8, 66121 Saarbrücken, Deutschland / Allemagne
Email: info@editions-croix.com

Herstellung: siehe letzte Seite /
Impression: voir la dernière page
ISBN: 978-3-8416-9901-5

Copyright / Droit d'auteur © 2014 OmniScriptum GmbH & Co. KG
Alle Rechte vorbehalten. / Tous droits réservés. Saarbrücken 2014

AVANT-PROPOS

J'exhorte humblement tous ceux qui n'ont pas l'intention de lire ce livre dans sa totalité de ne pas le commencer. Il ne serait, en effet, pas judicieux d'en survolez pas les pages, et de choisir au hasard des lignes à lire, en prétendant ainsi se faire une idée de l'ensemble du contenu. Mieux vaut ne pas avoir de connaissance du tout, que d'être armé d'une connaissance écharpée, car celle-ci est la pire des connaissances. Encore un peu, et elle devient une fausse doctrine !

Ce livre est un corps dont il est préférable de prendre conscience dans toute son intégralité, de peur de le présenter demain à un autre, parce qu'on l'aura reçu ainsi, comme un corps sur lequel il manque un œil ou une jambe ; un corps dont les oreilles semblent se retrouver au niveau du torse.

Je sais par expérience qu'il n'existe au monde aucun livre qui n'ait été sujet à critique négative. Celui-ci n'y échappera certainement pas. Cependant, par l'esprit de sagesse que nous avons reçu de Dieu, que ce qui nous divise ne devienne pas sujet à de vaines querelles.

Il est écrit dans le livre de Job que c'est l'Esprit qui rend intelligent. Je peux ainsi aisément penser avoir reçu de l'Esprit, et non des Hommes, la grâce dont je répands aujourd'hui les fruits devant vous, un labeur qui nécessite une méditation de tous les jours, de la sueur et de l'humilité.

Je m'expose et j'accepte, comme d'autres avant moi, d'être l'objet de congratulation ou de rejet venant de la part de ceux qui pensent, eux aussi, à tord ou à raison, avoir étés inspirés par le Saint-Esprit, celui du même Dieu créateur, pour dire le contraire de ce qui est dit dans ce livre. C'est pourquoi chaque prétention ou affirmation dans ce livre est accompagnée d'au moins un verset biblique, afin de réduire au maximum la place de la pensée purement humaine ou religieuse, ainsi que les doutes qui naissent des affirmations sans fondement scripturaire.

Que l'Éternel des armées et notre Seigneur Jésus-Christ permettent que la parole soit révélée à un grand nombre !

INTRODUCTION

Depuis des lustres, en s'appuyant sur une vision quelque peu laxiste et superficielle de la parole révélée, la chrétienté n'est jamais vraiment parvenue à régler la question du rapport direct à l'alcool. Alors que l'autre grande religion monothéiste qu'est l'Islam condamne fermement toute consommation de boisson forte, le christianisme a laissé ses pratiquants vivre dans une permissivité qui a fini même par faire de certains chrétiens des adeptes un peu trop assidus du vin de table.

Dans un train qui me conduisait un soir vers Rome, j'eus l'honneur de partager la même cabine avec un futur curé en formation. Dans ces discussions souvent légères qui lient les voyageurs jusqu'à leur destination finale où ils se disent au revoir, il me raconta comment un jour ils avaient, avec des frères, pris un cuite de vin rouge, bien évidemment destiné à un autre usage.

Dans plusieurs pays musulmans, dont l'Iran pour ne citer que celui-là, la vente d'alcool est interdite à tous, sauf aux chrétiens ; ce qui ne manque pas de donner de notre foi une image spirituelle bien faible.

A la simple question de savoir si le chrétien peut boire du vin ou pas, la réponse nous est donc depuis toujours parue évidente : oui, mais avec modération. Cependant, nous savons tous très bien ce que certains ont fini par faire de cette modération.

Une autre voie est-elle possible et capable d'être défendue Bible à la main de façon claire et précise ?

Dans les milieux évangélistes, il semble que de plus en plus de chrétiens s'abstiennent de consommer de l'alcool. Pourtant, même au sein de cette famille disparate, des voix prônent la consommation modérée, même pour les pasteurs. Par ailleurs, ceux à qui l'on inculque l'interdiction de boire manquent parfois de fondements bibliques solides ; car ce qui saute à l'évidence à leurs yeux ce sont les versets qui permettent une consommation non exagérée. Nous mettons donc à leur disposition, par la grâce que Dieu nous fait, des analyses plus profondes de certains versets, soit souvent mal interprétés, soit jamais pris en considération de façon à les relier à la relation que le chrétien aspirant à la sanctification peut avoir avec l'alcool.

Au fil de votre lecture, nous invitons votre esprit à ne pas être en sommeil, et pour cause il s'agit d'alcool ! Il doit être en alerte, vérifiant et analysant, comme les chrétiens bibliques de la ville de Béré, si ces affirmations ne sont pas hérétiques.

En entrant dans cette étude, chacun est invité à se débarrasser de ses préjugés, ainsi que de ce qui est considéré comme déjà acquis. En effet, celui qui, du haut de sa connaissance ou de son ignorance refuse de s'ouvrir à la révélation, ne pourra que difficilement s'incliner devant ce qui pourrait venir auprès de lui tel un murmure divin, pour lui donner une compréhension spirituelle meilleure face à l'alcool.

Ce que tout chrétien doit comprendre, c'est que la vie chrétienne est à double dimensions, horizontale et verticale. Il a donc à faire avec les hommes, de manière horizontale, mais également avec Dieu, de façon verticale. Et c'est dans ce rapport avec le monde spirituel, lequel monde est invisible à la majorité des êtres humains que le lien avec les boissons alcoolisées doit être le plus envisagé ; car il est certain qu'au milieu de nos semblables, une consommation d'alcool modérée et mesurée ne cause à priori aucun problème. A priori seulement, puisque ce livre éclaire également sur les méfaits physiques et spirituels de l'alcool dans nos vies.

Il est donc clair que si c'est en se positionnant face à Dieu et non face aux Hommes que le chrétien doit d'abord s'interroger sur ses rapports avec l'alcool, il ne peut négliger son impact sur ses rapports avec les autres.

Notons enfin que personne n'a besoin de la Bible pour comprendre qu'il est préférable pour une personne, croyante ou non, de consommer son vin avec modération. Si alors on décide, malgré cette évidence, d'aller consulter la parole révélée ou de lire un livre spirituel, c'est forcément pour y tirer quelque chose d'autre que cette idée si évidente ; faute de quoi la Bible ne serait qu'un livre sans grand intérêt.

Avant de commencer cette excursion biblique, nous affichons clairement notre positionnement face à ce fléau de nos sociétés modernes que les autorités sanitaires, même au pays du bon vin qu'est la France, ne cessent de montrer du doigt. Plus de quarante mille décès par an !

En Afrique, il y a rarement de statistiques à ce sujet, mais c'est une hécatombe. Les hommes, jeunes et vieux, à cause du chômage et du laisser-aller des autorités, s'abreuvent de bière à longueur de journée, y noyant leur esprit et leur cervelle jusqu'à en devenir esclaves.

Nous parlons dans cette étude de *voies bibliques d'un jeûne spirituel*. Les raisons de ce sous-titre sont les suivantes :

La Bible, et c'est là l'excuse permanente à notre faiblesse spirituelle, n'impose nulle part une interdiction formelle de boire du vin qui s'appliquerait à tous en tout temps. Comment donc certains parmi nous parviennent-ils à trouver de quoi fonder une interdiction ? Par quels versets liés à l'alcool passent-ils pour trouver cette voie de l'abstinence ? Si c'est une démarche personnelle, en vue de sa sanctification, pourquoi pas ? Mais de là à vouloir en faire un enseignement pour tous, n'est-ce pas aller trop loin ?

L'alcool, parce qu'il constitue directement une corruption de l'esprit de l'Homme, a toujours été dans le collimateur Dieu. Dans certaines situations, il l'a même totalement interdit, tandis que dans d'autres, il a sérieusement mis en garde les consommateurs par la bouche des prophètes. Reste la part de tolérance, cette possibilité d'en boire sans en abuser. Que doit en faire le chrétien ?

Nous allons commencer par montrer comment, à travers des passages bibliques, l'alcool ouvre la porte de notre âme aux mauvais esprits. Parce que cette vérité est biblique et palpable dans la vie des alcooliques, le but est de refermer si elle est ouverte, cette entrée spirituelle par la quelle les ténèbres viennent affecter négativement nos vies, parfois au-delà de ce que l'on peut imaginer (I). Ensuite nous mettrons en évidence les sept cris de malheurs lancés par les prophètes au sujet des boissons fortes (II), avant d'expliquer le sens spirituel du jeûne face à ces boissons (III). Le dernier chapitre consistera à démontrer l'incompatibilité entre l'alcool et l'Esprit de Dieu que nous appelons bien évidemment le Saint Esprit (IV).

Chapitre I

FERMER LES PORTES DE L' ÂME AUX ESPRITS DES TÉNÈBRES

Qui n'a jamais entendu ou lu, et ce à plusieurs reprises dans les médias, que telle ou telle personne a violé une femme, tenu des propos insensés, ou tué une personne sous l'effet de l'alcool ? Qui n'a jamais entendu ou lu que telle personne au volant de telle voiture était ivre et a décimé toute une famille ?

Être proche des boissons fortes c'est souvent flirter avec une porte qui peut très vite s'ouvrir vers l'horreur. Et ceci ne souffre malheureusement d'aucune contestation.

Chercher à fermer les brèches spirituelles qui fragilisent le chrétien face au monde des ténèbres, c'est aussi chercher à se rapprocher de Dieu. En effet, l'abstinence et le jeûne, ou dans la mesure du possible, la retenue face aux boissons alcoolisées, doivent être compris pour un chrétien comme une quête de sanctification.

Pour l'expliquer simplement, la sanctification est le fait pour un chrétien de se mettre à part, de se préserver de certaines pensées, pratiques ou habitudes mondaines, dans le but d'améliorer sa relation spirituelle avec Dieu. Le but de cette attitude est de nettoyer son vase spirituel, étant donné qu'il y a des connexions entre le corps et l'esprit, de le vider de ce qui peut l'encombrer, le souiller, et empêcher au final l'action de Dieu à travers le Saint-Esprit.

Le vin fait donc partie de ces choses dont certains se privent pour mieux faire place à l'action du Saint-Esprit. Cette mise à part, ce refus de verser de l'alcool dans le temple du Saint-Esprit, devient donc une opposition au monde ou aux habitudes des autres ; ce qui peut mettre le chrétien en quête de cette sanctification en conflit permanent avec son entourage.

S'il est un conseil que nous pouvons nous permettre de donner aux chrétiens, c'est de ne jamais mépriser ou freiner la recherche de sanctification des frères et sœurs, en pensant qu'ils exagèrent. En effet, dès lors qu'une personne n'est pas capable de s'abstenir à la manière de l'autre, elle a souvent tendance à se dire que l'autre exagère. Or qui peut oser dire que Jean-Baptiste, mis à part car habitant hors de la ville, ne s'habillant qu'avec des peaux de bête, n'allant jamais boire chez Hérode et ne mangeant que des sauterelles, exagérait ?

Un tel ne boit jamais d'alcool et vous pensez qu'il exagère ! Mais vous oubliez qu'en même temps, pendant que vous critiquez votre frère ou votre sœur, vous avez, vous-mêmes, opposé une abstinence aux films pornographiques ou aux boites de nuit, et que d'autres aussi murmurent à votre sujet que vous exagérez !

Tout cela pour conclure que chacun marche avec ce qu'il a reçu. Le prophète Jérémie a été mis à part, sans épouse ni enfants, tandis que d'autres prophètes et apôtres étaient mariés; le tout sous la houlette du même Dieu. Il faut croire que certaines personnes, comme le dit Jésus-Christ, se sont fait eunuques eux-mêmes à cause du royaume, c'est-à-dire qu'ils ont décidé de ne pas avoir de rapports sexuels et de ne pas se marier pour mieux servir Dieu. Dirons-nous qu'ils exagèrent simplement parce que Dieu n'a pas interdit le mariage aux Hommes ? Prenez garde, car vos critiques peuvent s'opposer à la volonté de ce que Dieu a décidé pour un frère ou une sœur, mais aussi peuvent aller contre une attitude apparemment extrême, mais que Dieu lui-même apprécie.

Quelqu'un parmi nous peut-il oser dire que Dieu déteste ceux qui ne boivent pas d'alcool ? Ou osera-t-on dire qu'il est fier de ceux qui en boivent ?

Le concert de la Bible nous offre un panel de personnages différents qui ont été vaincus par le vin, et dont le comportement a considérable bouleversé les plans de Dieu.

Section I- LES PERSONNAGES BIBLIQUES IMPLIQUES DANS LES MÉFAITS DU VIN

L'apôtre Pierre nous enseigne que le lion rugissant, autrement dit l'esprit malfaisant, nous tourne autour pour voir qui il va dévorer. Pourquoi, alors qu'il est d'une force incontestée, Satan ne saute t-il pas directement sur nous pour nous détruire ?

Il ne le peut pas toujours parce qu'il n'y a pas forcément de porte d'accès à notre être intérieur. Alors il patiente jusqu'à ce qu'une brèche se présente à lui, ouverte par nous même, et que notre bouclier spirituel s'effondre.

Entre leurs mains, les esprits des ténèbres manient une multitude d'armes avec les quelles ils essayent de forcer notre sanctuaire qui, selon la foi du chrétien, est une demeure spirituelle du Saint-Esprit.

A travers des points majeurs de la Bible, nous allons exposer des phases d'existence de ces grands personnages qui ont été vaincus par l'alcool, ainsi que les conséquences spirituelles en découlant.

1- NOE ET LA MALÉDICTION DE CANAAN

Quel est le premier événement qui, dans la Bible, nous parle de boisson alcoolisée ? Nous le retrouvons dans le livre de Genèse, avec Noé. En effet, bibliquement parlant, et c'est la seule vérité qui nous intéresse dans ce livre, Noé est le premier à avoir cultivé de la vigne, et fabriqué du vin. C'est donc la première fois que le mot vin, de l'hébreu *yayin* est utilisé dans le livre Saint. Est-ce un hasard s'il est finalement la cause d'un enchainement fort regrettable ?

Les écritures nous apprennent en effet ce qui arriva un jour à sa famille, et les conséquences qui en découlèrent par la suite :

Genèse 9: 20-25 : *Noé commença à cultiver la terre, et planta de la vigne. Il but du vin, s'enivra et se découvrit au milieu de sa tente. Cham, père de Canaan, vit la nudité de son père, et le rapporta dehors à ses deux frères. Alors Sem et Japhet prirent le manteau le mirent sur leurs épaules, marchèrent à reculons, et couvrirent la nudité de leur père. Comme leur visage était détourné, ils ne virent point la nudité de leur père. Lorsque Noé se réveilla de son vin, il apprit ce que lui avait fait son fils cadet. Et il dit : Maudit soit Canaan ! Qu'il soit l'esclave des esclaves de ses frères.*

Noé, l'élu de Dieu vient de maudire son petit-fils, et livre ainsi sa descendance à la malédiction, alors qu'à travers lui l'Éternel voulait remettre l'humanité à l'endroit !

Un homme mûr boit et se dénude dans sa tente. Après tout, à qui fait-il du mal ? Cette réaction nous vient à l'esprit parce que nous considérons nos rapports avec autrui de façon purement horizontale, c'est-à-dire d'être humain à être humain. Et dans ces conditions là c'est sûr, Noé ne fait à priori, et à priori seulement, du mal à personne d'autre qu'à lui-même.

Qu'en est-il lorsque nous prenons clairement en considération nos rapports avec l'autre de façon verticale, c'est-à-dire d'être humain à être céleste ?

Il y a au-dessus des Hommes deux entités célestes, lumière et ténèbres, Dieu et Satan, avec les quelles ils entretiennent de façon consciente ou non des rapports invisibles qui influent sur le monde réel et visible. Par sa consommation de vin, Noé a donné aux ténèbres, la possibilité de s'inviter dans sa famille, en leur ouvrant une brèche.

L'apôtre Pierre nous a dévoilé comment cela fonctionne. Il nous rode autour, et dès que nous nous découvrons, il opère.

Noé s'était dénudé !

Que s'est-il donc passé pour que des vêtements sensés nous couvrir deviennent subitement impossibles à garder, au point de se dénuder ?

Spirituellement parlant, la nudité est le symbole du péché, le vêtement étant la démarche consistant à couvrir le péché.

Au départ, Noé est un homme couvert, revêtu de la grâce de Dieu. Il a été choisi parmi tous les Hommes de la terre pour perpétuer l'humanité après le déluge. Il avait été trouvé bon en actes, et les bonnes œuvres représentent spirituellement des vêtements pour couvrir la nudité. En effet, il est écrit : *Réjouissons-nous, et soyons dans l'allégresse, et donnons-lui gloire ; car les noces de l'agneau sont venues et son épouse s'est préparée, et il lui a été donné de se vêtir d'un fin lin, éclatant, pur. Car le fin lin ce sont les œuvres justes des saints.* **Apocalypse 19 : 7.**

Noé était donc un homme spirituellement habillé, couvert de ses bonnes œuvres qui lui avaient valu d'être sauvé du déluge, lui et sa famille. Mais ce jour-là, nous dit le récit, *il se découvrit au milieu de sa tente* et perdît ses vêtements de lin.

Si nous nous contentons de la lettre, c'est-à-dire de ce qui est écrit de manière littérale, nous dirons simplement qu'il s'est mis nu dans sa maison. Rie de bien facheux devant Dieu, puisque nous nous mettons tous nus à un moment où à un autre, soit pour nous laver, soit pour autre chose. Mais la voie spirituelle nous murmure une chose plus profonde : cet homme perdait par-là cette sainteté, et ce statut qui avait fait de lui le seul Homme que Dieu avait choisi parmi tant d'autres. Sous l'impulsion de l'alcool, il s'était débarrassé de son vêtement de fin lin, celui que l'Éternel lui avait donné. Le vin l'avait pour ainsi dire rendu perméable, ouvrant une brèche en lui, le rendant susceptible à la faiblesse et au malheur, jusqu'à le pousser au reniement de son statut.

Un père est normalement un chef de famille. Il doit donc toujours maîtriser sa langue, garder le contrôle des bénédictions et s'abstenir de proférer des malédictions au milieu des siens. Il ne doit pas se laisser dépasser par les évènements, faute de quoi le village ou le reste de la famille s'ébranle. Et c'est ce que les ténèbres ont réussi à faire, grâce à ce vin que Noé avait cultivé puis bu.

Chaque fois que l'alcool entre dans le corps d'une personne, un combat se déclenche au niveau invisible. Les ténèbres, aux aguets, s'attèlent à y tirer profit. L'âme devient alors le foyer d'une féroce discussion entre la chose et la volonté. C'est à celui qui en sortira vainqueur d'imposer sa loi à l'autre.

S'il est évident de dire que Noé avait perdu la bataille au niveau physique, car il était ivre, qu'en est-il du niveau spirituel ?

Nous avons compris qu'il avait perdu son manteau divin. Les vêtements purs n'ont pas pu cohabiter avec le péché et ont été retirés. Mais encore, la victoire du mal s'est manifestée au sein même de sa famille. En effet, ce n'est pas dans le dessein de Dieu qu'un père maudisse l'un de ses fils. Ici c'est Canaan, en fait son petit-fils, qui reçoit la malédiction. Le récit ne nous dit pas ce qu'il avait fait pendant que son grand-père était nu. Cham son père, donc le fils de Noé, découvre cette nudité, mais il n'est pas directement frappé de malédiction. Qu'avait donc fait Canaan au point de déclencher une malédiction à son encontre ? Ce n'est pas ici le moment d'entrer dans cette polémique-là.

Voilà donc une famille choisie par Dieu pour sauver l'espèce humaine et qui est finalement vaincue par le vin qu'ils ont eux-mêmes fabriqué !

S'il n'avait point bu de vin, la malédiction de Canaan serait-elle arrivé ? Force est de constater que non.

Retenez que la malédiction la plus célèbre et la plus controversée de l'histoire biblique vient d'un homme qui avait bu de l'alcool.

Les conséquences de cette ivresse sont grandes dans la suite de l'histoire biblique. D'une simple consommation de vin, les ténèbres ont créé un monde désagréable, montrant par là que ce que nous faisons seuls dans nos maisons et qui ne semble concerner que nous, peut finalement avoir des répercussions énormes sur notre environnement présent et futur. Certaines personnes boivent et pensent ne détruire qu'eux-mêmes. Or un jour ils font un enfant, et ce dernier est sujet à des allergies dues aux gènes qu'il a reçus de sa mère !

Dans sa malédiction, Canaan devint le père des cananéens. Et la Bible nous apprend une chose importante au sujet de ce peuple : elle nous dit que dans leur dispersion, *les limites des cananéens allèrent depuis Sidon, du côté de Guérar, jusqu'à Gaza, et du côté de Sodome, Gomorrhe, d'Adma et de Tséboïm, jusqu'à Lécha.* **Genèse 10 : 19.**

Décortiquons à présent ce tableau : les sidoniens, habitants de Sidon, n'ont jamais adoré l'Éternel. C'était des idolâtres. Guérar est devenu la ville d'Abimelec, roi des philistins, ennemis des israélites. La ville de Gaza n'est pas chrétienne. Quant à Sodome et Gomorrhe, plus besoin de les présenter. Leurs mœurs étaient tellement dissolues et la débauche manifeste que Dieu douta même qu'il pût y avoir sur la terre autant d'abomination. Ayant constaté lui-même l'état de la déliquescence des comportements, il décida purement et simplement de détruire les deux villes et tous leurs habitants avec !
Tous ces endroits étaient habités par des gens qui portaient en eux la malédiction de leur ancêtre Canaan, laquelle malédiction avait pour origine une nudité causée par une ivresse de vin.

Les effets des ténèbres dans nos vies agissent comme une bombe atomique. Ils s'étendent dans le temps et l'espace. Des années après qu'elle ait explosée, la bombe continue à étaler ses malheurs, non seulement là où elle a été jetée, mais également très loin. De la malédiction de Canaan à la débauche de Sodome ou à l'idolâtrie des sidoniens, c'est la même bombe qui continue à répandre ses effets.

Tout était donc parti d'une simple dégustation d'alcool, sur une table, en prenant du bon temps. Ce jour-là, Noé ne pouvait pas s'imaginer ce que son acte allait entrainer par la suite. Et comme aujourd'hui, certains pensent au fond d'eux-mêmes qu'il n'y a pas de mal, et que ce qu'ils font n'a de possibles conséquences que sur eux. Ensuite ils prennent leur voiture et causent un accident mortel. Derrière il y a des veuves ou des orphelins qui ne s'en remettent pas, qui sombrent dans la drogue et qui finissent un jour en prison.
C'est le premier chemin de méditation par lequel nous invitons chaque chrétien afin qu'il trouve les armes de ce jeûne profond face aux boissons dites fortes.

2- LOTH ET SES DEUX FILLES

La parole de Dieu, toujours dans le livre de Genèse, évoque l'histoire de Loth, sauvé par les anges de la destruction de Sodome et Gomorrhe. Avec ses deux filles, car sa femme était morte, changée en statut de sel alors qu'ils fuyaient tous les villes maudites, ils habitaient dans une grotte sur les hauteurs de Tsoar.
Un jour, voici ce qui arriva dans cette autre famille également épargnée, comme celle de Noé, d'une destruction générale par Dieu.
Genèse 19: 31-33 : *Alors l'aînée dit à la cadette : Notre père est vieux, et il n'y a point d'hommes dans le pays pour venir vers nous, selon l'usage naturel. Viens, faisons boire du vin à notre père et couchons avec lui, afin de donner une descendance à notre père.*
Après l'aînée, la cadette fit exactement la même chose, et les écritures nous rapportent que Loth ne s'aperçut de rien !
Les intentions abominables des filles de Loth ne sont pas directement le fruit du vin ; du moins la Bible ne nous dit pas si elles en avaient elles-mêmes bu. Mais le projet

satanique, lui, a bel et bien eu besoin d'un support, d'un instrument efficace pour sa réalisation, et ce fut l'alcool.

En tant qu'enfants de Sodome et Gomorrhe, les deux filles de Loth portaient en elles une part de la malédiction qui avait été prononcée sur Canaan par Noé. En effet, quand Loth, après s'être séparé de son oncle Abraham, était partie vers Sodome, il n'avait point d'enfant. Avait-il seulement une femme ? Peut-être pas. Tout porte à croire que sa femme même est une native de ces villes jumelles. C'est d'ailleurs pourquoi elle éprouva du mal à les quitter. Car le fait de ne pas pouvoir s'empêcher de se retourner, alors qu'elle quittait la ville qui brûlait, et malgré l'interdiction faite par les anges du Seigneur de le faire, est le symbole d'une personne qui regrette amèrement le fait de quitter sa mauvaise nature.

Réalisons bien que c'est le deuxième récit biblique dans lequel le mot vin est évoqué. Pourtant, une fois de plus, il n'est nullement associé à une fête, mais à une abomination. La question est de savoir si cela est simplement le fait du hasard.

Si ces deux sœurs n'avaient pas eu de l'alcool en leur possession, comment auraient-elles pu mener à bien leur plan ?

Il fallait pervertir le père, corrompre son esprit et son corps ; car éveillé, il n'aurait certainement pas approuvé une telle chose. Or la Bible nous met en garde contre l'affaiblissement spirituel et physique. Il est en effet déclaré dans **Proverbe 6 : 4** : *Ne donne ni sommeil à tes yeux ni assoupissement à tes paupières ; dégage-toi comme la gazelle de la main du chasseur, comme l'oiseau de la main de l'oiseleur.*

A la place du mot "main", la version grecque dit "le filet ".

Qui est alors ce chasseur ou cet oiseleur ? Pendant cette étourderie des sens due au vin, Loth était à la merci du chasseur. Ce dernier est le même dont l'apôtre Pierre parle, celui qui nous rode autour jusqu'à ce qu'il trouve une ouverture pour nous dévorer, c'est-à-dire nous causer des tourments ou réaliser dans nos vies des choses contraires à la volonté de Dieu.

Où était donc l'esprit du brave Loth pendant que ses filles accomplissaient avec son corps la volonté des ténèbres ? Dans les filets du vin.

Certainement, l'expression « il ne s'aperçut ni quand elle se coucha ni quand elle se leva » ne veut pas dire que Loth était totalement inconscient. En effet, la physiologie d'un homme, ainsi que son aptitude à répondre aux sollicitations d'une femme nécessitent un minimum de vitalité. Son corps répondait donc parfaitement, et il ne peut y avoir de doute à ce sujet. Ce qui se passait, c'est qu'il n'avait plus les moyens de se défaire du piège. Sa sagesse était dissoute dans l'alcool, tuant complètement l'homme spirituel et laissant la place à l'unique et inique homme animal.

Les deux filles, poursuit le récit, tombèrent enceintes, puis donnèrent naissance chacune à un enfant. Conçus selon les plans du mal, Moab et Amon, les deux fils de l'inceste de Loth devinrent les ancêtres des moabites et des ammonites.

Ces peuples vous disent-ils quelque chose ?

Ce sont encore des idolâtres, exclus du peuple de Dieu, et ennemis des israélites. Comme quoi les mêmes causes produisent les mêmes effets ! Les enfants de Loth étaient sorties de Sodome avec la marque de la perversion. C'étaient des enfants de cette ville, la cité des descendants de Canaan.

Pour finir avec Loth, nous pouvons nous étonner qu'il ait accepté de boire du vin jusqu'à devenir aussi ivre. Certainement, il avait l'habitude de boire, et ne peut être donc considéré comme victime à part entière. Il est, tout autant que ses filles, responsable de cette abomination. S'il faisait partie de ceux qui ne buvaient jamais, comment ses filles auraient-elles pu penser à lui servir un verre de vin ?
Loth avait noyé sa solitude dans le vin, et celui-ci remplaçait sa femme, car il le réchauffait !
De même si deux couchent ensemble ils auront chaud, mais celui qui est seul comment aura t-il chaud ? **Ecclésiastes 4 : 11**.
Le fait de ne pas avoir sa femme avec lui avait bien évidemment aidé ses filles. Mais là encore, pourquoi cette femme est-elle morte, changée en statut de sel ? Parce qu'elle appartenait à cette ville maudite habitée par un peuple dont la malédiction avait été prononcée par Noé, suite à sa cuite de vin.
Il y a des liens qui ont la peau dure, car les filles de Loth étaient également des descendantes de Noé.

L'alcool est une arme de destruction massive dont Satan, les esprits des ténèbres, et les anges déchus à son service aiment se servir. Dès que nous ouvrons une bouteille d'alcool, nous déclenchons l'intérêt des démons. Ils commencent alors à roder autour, aiguisent leur appétit, et cherchent à en tirer profit. Et ils y parviennent plus souvent qu'on ne le croient. Souvenez-vous de ces quarante mille mort annuels uniquement selon les estimations françaises !
Une femme est alors très vite battue, un accident de la circulation vite arrivé, ou une personne humiliée, parce que quelqu'un a bu quelques verres. Et ce n'est pas parce qu'il ne se passera rien de palpable autour de vous que cela signifiera qu'il n'y avait pas de risque.
Qu'en est-il d'ailleurs pour notre santé physique ? Elle prend souvent un coup de griffe, n'est-ce pas ?

La Bible déclare dans **2 Pierre 2 : 19** : *On est esclave de ce par quoi on est vaincu.*
Il se peut que vous ayez souvent pris le dessus quand vous buvez, et tel était peut-être le cas de Loth avant. Vous ne vous saoulez jamais. Pourtant un jour viendra où les ténèbres trouveront une autre astuce pour se servir de cette bouteille que vous vénérez. Car au même titre que vous ne vous saoulez jamais, il ne dort jamais.

3- BELSHATSAR ET LES VASES DU TEMPLE DE DIEU

Dans **1 Corinthiens 6 : 19**, il est écrit : *Ne savez-vous pas ceci : Votre corps est le temple du Saint-Esprit qui est en vous et que vous avez reçu de Dieu, et que vous n'êtes pas à vous-même ?*
En un mot, un chrétien sanctifié est un vase du temple de Dieu, et dès lors il n'appartient plus à lui-même, mais à Dieu propriétaire du temple.

Cette vérité-là, tous ceux qui, humains et démons, œuvrent dans les ténèbres, la connaissent très bien et cherchent constamment à nous pousser vers un affaiblissement spirituel qui cesserait de faire du chrétien ce temple spirituel.
Dans le livre du prophète Daniel, nous découvrons l'abomination dans laquelle la consommation de vin plongea un jour le roi de Babylone :
Daniel 5 : 1-3 : *Le roi Belshatsar donna un grand festin à ses grands au nombre de mille, et bu du vin en présence de ces mille. Belshatsar, après avoir goûté du vin, ordonna d'apporter des vases d'or et d'argent que son père Neboukadnetsar avait enlevé du temps de Jérusalem, afin que le roi y boive, ainsi que ses femmes. Alors on apporta les vases d'or qui avaient été enlevées du temple, de la maison de Dieu à Jérusalem ; et le roi, ses grands, ses femmes et ses concubines y burent.*

Dans certaines versions, il est dit « comme il buvait du vin... ». Ce n'est donc, pour ainsi dire, pas avant de passer à table, pendant qu'il était encore à jeun et sans vin dans le corps que le roi avait décidé d'utiliser les vases du temple de Dieu pour y boire son vin. Non. C'était bel et bien, nous dit la Bible, après avoir déjà bu quelques verres que l'idée avait alors jailli de son esprit corrompu.
Voilà donc l'esprit de la perdition qui inspire soudain au roi une idée surprenante : boire dans les vases de la maison de l'Éternel, que même son père Neboukadnetsar, vainqueur des israélites, n'avait jamais osé transgresser.
En tant que roi, Belshatsar ne disposait-il pas déjà de plusieurs coupes en or plus beaux les uns que les autres ? Quel sacrilège les ténèbres avait-il donc réussi à mettre dans son esprit, après l'avoir égayé par le vin ?

Cette scène que l'on classerait aisément parmi les égarements sans conséquence d'un roi fêtard est pourtant lourde de sens du point de vu spirituel : en effet, cette vision du vin versé dans les coupes sanctifiées et consacrées, des vases mis à part, est une préfiguration, une image de la guerre qui allait venir sur terre, et qui s'était déjà déclenchée dans la sphère spirituelle et invisible.

Que représente donc cette image ?

Elle traduit la volonté des démons de souiller tout ce qui est consacré à l'Éternel. Saisissez-vous ? En effet, dans le domaine spirituel, un chrétien pratiquant et pieux est comparé à un vase d'élection au service de l'Éternel, au même titre que les vases d'or placés dans le temple étaient au service de l'Éternel. Ces vases c'est donc vous et moi, du moins je l'espère, dont les corps sont préservés autant que possible pour être agréables à Dieu, en lui rendant un culte saint.

La réalité spirituelle de cette comparaison est révélée dans l'épître à Timothée : *Dans une grande maison, il n'y a pas seulement les vases d'or et d'argent, mais il y en a aussi de bois et de terre ; les uns pour un usage noble et les autre pour un usage vil. Si donc quelqu'un se purifie, il sera un vase d'usage noble, sanctifié, utile à son maître, propre à toute œuvre bonne.* **2 Timothée 2 : 20-21.**

Ce passage est très important pour ceux qui reconnaissent la force spirituelle des écritures.

Les vases symbolisent donc ici les chrétiens. Ceux parmi nous qui aspirent à l'élévation spirituelle, et à devenir des instruments efficaces entre les mains de leur Dieu, c'est-à-dire des vases d'or ou d'argent, sont appelés à se purifier et à le demeurer. C'est ce que dit la parole révélée. Leur corps est alors véritablement un temple pour le Saint-Esprit, selon ce qui est aussi écrit et que nous savons déjà tous. Le chrétien, s'il veut être ce vase d'or ou d'argent, doit chercher à devenir puis à demeurer un réceptacle interdit aux choses qui ne sont pas de nature à l'élever vers Dieu. S'il tient à sa sanctification afin d'être utile à tout moment à son maître qui est Christ, il cherchera la purification en évitant, entre autre, et autant que possible, de boire de l'alcool.

Vous comprenez peut-être maintenant pourquoi certains frères ou certaines sœurs « exagèrent ». Pourquoi ils ne boivent pas de vin quand vous, chrétiens comme eux, en buvez joyeusement.

Ces sanctifiés, nous les appellons pasteurs, diacres, apôtres, évangélistes, évêques, docteurs, chantres, anciens ou prophètes. Ils sont impliqués dans les affaires de l'Église corps du Christ. Mais ce sont également les autres chrétiens qui, dans leur vie de tous les jours, recherchent l'excellence spirituelle. Quant à ceux qui marchent avec moins de volonté spirituelle, ils demeurent dans la maison de l'Éternel, mais sont des vases d'un usage vil. C'est la parole de Dieu.

Malheureusement, il y a parmi nous plus de vases d'usage vil que de vases d'usage noble ; d'où la faiblesse spirituelle de l'Église, avec un Dieu qui guérit ou qui délivre moins qu'il ne le voudrait.

Ce jour-là, le roi de Babylone reçoit directement l'inspiration du vin qu'il boit. Un esprit lui ouvre le chemin d'une réflexion qu'il n'aurait pas eu s'il n'avait pas eu de dose d'alcool dans son corps : briser la mise à part des vases d'or et les souiller avec du vin royal. Et de quel roi s'agit-il ? Pas du roi des rois, de celui des ténèbres.

Satan qui règne dans le ciel spirituel le plus proche de nous, communément appelé troisième ciel, le premier ciel étant celui de Dieu d'où Lucifer a été chassé lui et les anges déchus, connait bien la destinée de l'humanité. Autrement dit, il sait où nous allons. Avant même l'apparition des chrétiens sur terre, il était au courant de leur avènement, car il était informé des plans de Dieu pour racheter l'Homme du péché ; et il le savait mieux que les prophètes comme Esaïe qui annonce le Christ, sa vie et sa mort, sept cent ans avant qu'il ne vienne.

Les choses qui se matérialisent sur terre prennent d'abord naissance dans le monde invisible, à la manière d'un ingénieur qui imagine un engin dans sa tête, le visualise, avant de le dessiner puis de le construire. Or pendant que l'engin se trouve encore dans sa tête, personne ne sait qu'il existe déjà ! C'est un peu pareil avec le monde spirituel. Des réalités s'y forment parfois longtemps avant qu'elles ne nous parviennent. C'est la raison qui explique que dans le monde invisible les ténèbres savaient déjà, avant même que l'apôtre Paul, mu par l'Esprit, ne le révèle dans cette épître à Timothée, que ces vases du temple de Jérusalem représentaient plus que de simples objets. Ils étaient l'image des chrétiens sanctifiés et mis à part, que le monde allait connaître grâce à l'œuvre de la croix.

Le roi de Babylone représente 'le monde', et ses festivités sont celles des gens qui se moquent de Dieu. Dans l'une de ses prières célèbres, Jésus a demandé un jour au Père céleste de préserver les chrétiens du 'monde'. Et c'est justement cette séparation que Satan ne veut jamais voir se réaliser, puisqu'il sait que c'est de là que nous tirons notre élévation spirituelle. Alors ce jour-là, il réalisait ce qui lui est essentiel : inviter les vases d'or, derrière les quels il voyait des croyants sanctifiés, à venir se souiller à la table du 'monde'. Comprenez-vous ?

Rappelons-nous quand même qu'il n'y a pas plus de goût à boire dans une coupe d'or plutôt que dans une autre, car certainement, la cour du roi en disposait déjà ! C'est donc uniquement la volonté d'humilier et de souiller les choses de Dieu qui l'anima ce jour-là.
« Venez, chrétiens consacrés à l'Éternel, asseyez-vous à ma table et souillez-vous avec moi » !

- Savoir résister à l'Esprit de Belshatsar :

Dans la vie de tous les jours, il y a des Belshatsar. C'est un esprit qui se trouve souvent dans les lieux de fête, où les gens se réjouissent, chantent et dansent. Il s'empare des amateurs d'alcool qui ne comprennent pas pourquoi vous avez une bouche, et que vous ne vous en servez pas pour boire. Que font ces vases rangés dans leur coin, se disent-ils ? A quoi cela sert-il que vous soyez si bien constitués si vous ne pouvez pas orner une table ? Peut-il y avoir un sens à votre vie sans l'alcool ?
Ils cherchent souvent à rallier les abstinents à leur cause, à les forcer à boire un coup parce que c'est le jour du nouvel an, de Noël ; parce que c'est le mariage d'un proche. Et quand ils y parviennent, ils éprouvent une grande satisfaction intérieure, celle du malin qui a vaincu.
Nous devons savoir reconnaître ce mauvais esprit. Il s'empare aussi de certains chrétiens qui, lorsqu'ils se mettent à l'alcool, cherchent à enrôler leurs frères qui ne boivent pas. Ils tournent certains versets bibliques en leur faveur et présentent leur compréhension des choses comme étant la plus sage. Si donc l'envie vous vient un

jour de vouloir donner à boire à celui ou à celle qui ne le fait pas d'habitude, ressaisissez-vous et chasser cet esprit loin de vous.

Quelqu'un m'a dit un jour, avant même que je ne donne ma vie à Dieu, et que je fréquentais les endroits mondains : « Moi les gens qui ne boivent pas de bière je les trouve bizarres ». Eh bien dans la vie chrétienne, à un moment où à un autre, ceux du monde vous trouveront bizarres ; sauf si vous êtes un croyant de façade, superficiel, qui refuse toute forme de sanctification. Bizarres étaient ces vases d'or du temple de Jérusalem, rangés dans un coin du palais de Babylone et qui ne servaient à rien, bizarres paraitrez-vous souvent aux yeux des païens !

Le témoignage ayant sa place dans l'enseignement des révélations de la parole de Dieu, en voici un qui abonde dans ce sens : une connaissance était sur le point de se marier, et à l'occasion, nous nous étions retrouvés chez elle pour faire le point de ce qu'il y avait à faire. Après le rappel inévitable de mon mariage où le méchant chrétien que j'étais avait privé ses invités d'alcool, j'avais demandé à prendre part à l'organisation, question de me rendre utile. Quelqu'un s'était alors proposé d'aller réfléchir à la question dehors, cigarette en main. Quelle ne fut pas ma surprise, lorsqu'à son retour cette personne me proposa de m'occuper de la distribution d'alcool ?

Moi dont l'abstinence frisait à leur goût la démesure, on me proposait de gérer la banque d'alcool, donc d'en servir à des personnes dont plusieurs allaient se soûler !
L'esprit qui avait jadis animé Belshatsar était en mouvement. Il voulait que je m'asseye et que j'égaye les invités avec l'alcool; que je participe à dénuder les gens spirituellement, et même physiquement car cela arrive après une cuite. L'ayant compris, je gardai alors silence, ne montrant aucun signe de révolte, et laissant les choses spirituelles se régler spirituellement.

Ce qui est difficile dans ces cas-là, c'est qu'on est bien seul. Il n'y a personne pour nous défendre. Oui, bien-aimés, vous êtes comme ces coupes d'or ramenées du temple de Jérusalem, à la merci de ceux qui mènent la cadence. Mais j'avais une chance que ces objets-là n'avaient pas. En effet, les coupes du temple étaient l'ombre des choses à venir, l'image d'un futur, et moi j'étais la matérialisation de cette ombre, car j'étais un être humain et un chrétien. J'avais donc plus de valeur qu'elles, puisqu'elles n'étaient que ma représentation imparfaite ! Ainsi Dieu me vint en aide le jour de la fête, puisque d'autres personnes, sans que je n'intervienne, s'emparèrent de la banque d'alcool. Il ne permit pas que l'on me retrouve, contre ma volonté, derrière le comptoir d'un bar. Personne ne m'appela ni ne me parla de ce rôle après la réunion. Tout se passa comme si rien ne m'avait été confié.

L'Éternel ne reste pas insensible à nos efforts. Lorsque l'on s'attaque à notre quête de consécration ou de sanctification du corps et de l'esprit, on viole aussi son jardin. D'une façon ou d'une autre, il réagit toujours. N'est-il pas notre Justice ?

Un autre jour que je me trouvais avec des frères chrétiens, il fut proposé une coupe de champagne à chacun pour accompagner la bonne nouvelle que nous venions d'apprendre, à savoir le mariage d'un couple qui était passé par de nombreux tracas. Tandis que je m'apprêtais à faire un geste, mon verre posé sur la table se renversa et se brisa. Alors plus personne ne pensa à m'en resservir un autre !

Nous avons souligné plus haut le malin plaisir que peut éprouver celui qui parvient à convaincre un chrétien abstinent de boire du vin. La Bible dans ce récit de la vie à Babylone, nous en dit plus :
Relisez ce passage, et vous verrez que Belshatsar et ses ministres n'ont pas adoré les dieux de bois, donc les esprits des ténèbres, dès le début de leur festin. Ils avaient déjà bu du vin, puisque ce n'est qu'après quelques doses que le roi avait demandé que les vases du temple soient ramenés à leur table. Pourquoi commencer à louer ces dieux seulement après avoir bu dans des coupes consacrées au culte de l'Éternel, et pas avant ?
On peut quand même s'étonner de cette ferveur juste après avoir bu dans ces coupes consacrées au culte. Quel rapport y a-t-il ?
La réponse est la suivante : sans qu'ils ne le réalisent eux-mêmes, car c'est souvent ainsi, leurs esprits étaient en pleine extase, et en pleine communion avec les démons. Ils se réjouissaient de leur victoire sur les vases d'or sans volonté et contraints à la souillure. A travers eux, les démons célébraient leur victoire et dansaient.
Ils étaient en transe, possédés par les esprits de ténèbres !

Chaque fois qu'un chrétien, vase d'usage noble, est vaincu, les démons se réjouissent, parce qu'ils savent que Dieu est contrarié, et qu'au moins une bonne œuvre à la quelle ces objets étaient destinés, ne sera pas accomplie à ce moment-là, ou s'accomplira de manière imparfaite.

Revenons à la réaction qui peut-être celle de Dieu lorsque l'on touche à ses oints. Pour ce qui est des coupes que Belshatsar avait souillées, comme il s'agissait d'objets sans volonté, Dieu manifesta directement sa colère contre le roi.
Certaines personnes ont des problèmes qui leur viennent directement de la colère de Dieu, parce qu'ils ont un jour osé s'en prendre à un temple du Saint-Esprit que constitue le fervent chrétien. Et c'est ce drame qui se noue malheureusement par la suite dans la vie de Belshatsar. En effet, après que ce roi ait été secoué par l'Esprit de Dieu, Daniel le prophète lui parla selon la volonté de Dieu en ces termes : *Tu t'es élevé contre le Seigneur des cieux ; les vases de sa maison ont été apportés devant toi, et vous vous en êtes servis pour boire du vin, toit et tes grands, tes femmes et tes concubines.* **Daniel 5 : 23**.
Par le biais de Daniel, l'Éternel dénonce ici ce que le roi a commis comme péché. Il n'a pas détruit les vases, ne les a pas vendu, et ne s'en est pas servi pour tuer. Tout juste les a-t-il emprunté pour boire un peu de vin. Ensuite, il les aurait peut être rangé. Mais le Seigneur du ciel n'est pas content !
« Tu t'es élevé contre le Seigneur des cieux »!

L'Éternel considère donc que verser du vin dans des vases et ces coupes consacrés c'est s'élever contre lui. Mesurez-vous la profondeur de ce message ?

Le prophète poursuit : *Et voici l'explication de ces mots : Compté, Dieu a compté ton règne et y amis fin. Pesé : Tu as été pesé dans la balance et tu as été trouvé léger. Divisé : Ton royaume sera divisé, et donné aux mèdes et aux perses.* Et vous connaissez sans doute la fin de l'histoire : *Cette même nuit, Belshatsar, roi des chaldéens, fut tué.* **Verset 30.**

Croyez-vous que Dieu ait totalement changé aujourd'hui, et qu'il nous soit, à cause de la grâce en Christ, désormais possible en tant que vases de sa maison, de faire plaisir au roi de Babylone ? Méditez.

La mort du roi est actée par l'Éternel des armées parce qu'il avait mis du vin dans les vases de la maison de Dieu. Acceptez-vous facilement cette décision ? Certainement pas, mais c'est celle de votre Dieu. Si le vin ce n'est pas grand chose, si sur le plan spirituel ce n'est rien de mal, pourquoi tant de force dans la sanction ?

La mort liée à la consommation de vin, nous la retrouverons plus tard, aux chapitres suivants pour confirmer la position inchangée de Dieu.

Lorsque nous sommes invités aux tables des hommes et des femmes du monde, et qu'il y a là des personnes qui boivent, nous devons faire attention, dans notre souci d'obtenir des faveurs, de ne pas tomber dans la compromission. Car s'il est sage de ne pas trop se mettre à part pour éviter d'être indexé, nous ne devons pas perdre de vue qu'après avoir bu, les autres sont libres de Dieu ou de la prière, tandis que nous, chrétiens, demeurons connectés par le Saint-Esprit. Or comme nous allons le voir dans le chapitre cinq, l'Esprit de Dieu ne cohabite pas avec le vin.

A présent c'est sur un autre malheur au quel le vin s'invite que nous vous convions à méditer.

4- L'ASSASSINAT D'AMNON

Après qu'il eut sexuellement abusé de Tamar, sa demi-sœur, Amnon fils du roi David suscita la colère d'Absalon, frère de Tamar et également fils du roi, donc son demi-frère. Celui-ci rumina sa soif de vengeance pendant deux ans, gardant chez lui sa sœur déshonorée, jusqu'au jour où il trouva un moment favorable et un instrument efficace pour son crime.

Ce jour-là, nous rapporte le récit, Absalon, prince d'Israël, donna cet ordre à ses serviteurs : *Faites attention quand le cœur d'Amnon sera égayé par le vin et que vous dirai : Frappez Amnon ! Alors tuez-le ; ne craignez point, n'est ce pas moi qui vous l'ordonne ? Soyez ferme et montrez du courage.* **Samuel 13 : 28.**

Et les serviteurs d'Absalon, obéissants et dévoués, accomplirent le crime que leur maître leur ordonna de commettre.

Pendant deux longues années, la victime avait été épiée, surveillée. Ce lion rugissant qu'était devenu Absalon depuis le déshonneur de sa sœur rodait autour d'Amnon avec patience et détermination, jusqu'au jour où une brèche fut ouverte !

Si donc le crime mis au point par Absalon n'était pas directement le fruit de l'alcool, il est clair qu'Amnon avait été fragilisé par le vin, rendant son assassinat facile.

« Faites attention, quand son cœur sera égayé par le vin et que je vous dirai : Frappez »!

En d'autres termes, il leur avait demandé d'attendre que son demi-frère soit un peu dénaturé, happé et détourné de sa nature royale avant de le frapper. Être égayé ce n'est pas forcément être saoul. C'est un état de détente générale, où l'alcool commence déjà à nous déconnecter de notre train-train habituel, de nos soucis et même déjà de certains faits dangereux qui se présentent autour de nous.

La question que l'on peut se poser c'est pourquoi attendre justement ce moment-là où Amnon allait être égayé par le vin.

En tant que fils d'un roi guerrier, Amnon était certainement bien portant et militairement bien entraîné pour qu'on ose l'attaquer lorsqu'il était en pleine possession de tous ses moyens. Les criminels ont donc axé leur stratégie autour du vin, en s'appuyant sur ses effets soporifiques.

Aussi fort qu'ai été ce prince, il avait une faiblesse, une brèche que le mal n'a pas hésité à utiliser pour s'engouffrer et porter l'estocade : il était adonné au vin.

Sachez que celui qui vous fait boire un peu trop, ce n'est pas toujours quelqu'un qui vous veut du bien. Imaginez les armes affûtés des complices, imaginez-les eux-mêmes autour de la table, attendant que le vin qui corrompait petit à petit le corps d'Amnon leur fasse signe: « C'est bon, je l'ai vaincu »!

Il avait quitté sa nature de prince exercé au combat pour ne devenir qu'un faible être humain que des hommes lâches pouvaient assassiner sans craindre pour leur propre vie.

En tant que chrétien, au fur et à mesure que nous buvons, nous nous débarrassons, comme Noé, de notre nature spirituelle ; comme Amnon de notre nature princière, ce qui a pour conséquence de fragiliser notre bouclier. Et Satan dira peut-être à ce moment-là : « Frappez-le » !

Savez-vous seulement qui vous déteste dans la vie, et qui vous épie jour et nuit ? Pourquoi prendriez-vous le risque de vous fragiliser juste au moment où vos ennemis affûtent leurs armes ?

Un Homme doit savoir que ses ennemis ne sont pas toujours connus de lui. Certains même sont invisibles. Ce sont des esprits méchants que vous ne voyez pas avec vos yeux physiques, les puissances de l'air qui attendent que vous vous affaiblissiez pour agir impunément dans votre vie. Le prince Amnon ne voyait pas non plus ses ennemis qui étaient pourtant entrain de boire et de rire avec lui. Il n'avait pas l'accès à l'invisible, et ce qu'il voyait, à savoir des amis et un frère, donc l'absence de danger, n'était qu'une façade. Or Dieu n'a donné qu'à quelques uns la capacité de percevoir parfois l'invisible et le danger qu'il couve. Les ténèbres aussi d'ailleurs donnent cette capacité à ses adeptes, et c'est ce qu'on appelle dans le jargon mystique le troisième œil. Si donc je ne suis pas à même de percer l'espace invisible pour voir le danger qui me guette, je me garde au moins de fragiliser mes défenses avec de l'alcool !

Il ne faut jamais que le chrétien se gêne de parler de Satan, car il y a deux milles ans Jésus-Christ lui-même nous a bien souvent parlé de notre adversaire. En effet, les évangiles sont une révélation des agissements de Satan.

La seule arme que possèdent ceux qui ne perçoivent pas les mouvements de l'invisible, c'est bien sûr la prière mais aussi la veille et surtout les révélations de la Bible. Car les ténèbres n'ont pas le pouvoir de forcer un enfant de Dieu de faire quelque chose ; ils le lui suggèrent. Si vous refusez, elles ne pourront en principe pas passer.

La parole de Dieu contient-elle un enseignement précis en rapport avec l'alcool, et qui aurait pu avertir à ce moment-là Amnon du danger qu'il encourrait ? La réponse est oui. En effet, à l'attention des princes et de tous les hommes élevés, voici ce que déclare **Proverbe 31 : 4** : *Ce n'est point aux rois, Lemuel, ce n'est point aux rois de boire du vin, ni aux princes de rechercher des liqueurs fortes.*

Ce précieux conseil n'avait malheureusement jamais été prodigué à Amnon, prince d'Israël. Or les chrétiens qui recherchent l'élévation, ou ceux que Dieu a déjà élevé dans son Église sont des princes en son sein, puisqu'ils sont héritiers du grand Roi qu'est le Christ. Ce conseil qu'ils sont libres de suivre ou de fouler au pied les concernent également. Ils ne doivent pas rechercher les liqueurs fortes, dit la Bible, *de peur qu'en buvant, ils n'oublient la loi, et ne méconnaissent les droits de tous les malheureux.* **Verset 5.**

Cet avertissement inspiré par l'Esprit nous livre une double révélation en ce qui concerne l'assassinat d'Amnon :

- La première révélation est que, ce jour-là, parce qu'il avait bu du vin, Amnon avait oublié la loi. Mais savez-vous seulement la quelle ?

Pendant que vous méditez, rappelons que si dans la vie plusieurs choses sont susceptibles de nous causer des tourments, l'alcool comme la cigarette font partie de celles que nous pouvons ne pas intégrer dans nos habitudes sans que cela ne nous cause le moindre problème ; et nous dirons même au contraire !

La voiture aussi tue, comme le couteau de cuisine. Cependant, ce sont des choses qui, au quotidien, ne cessent de justifier leur grande utilité ainsi que leur nécessité. Ces quarante mille morts dus à l'alcool en France, et certainement plus dans d'autres pays, ne peuvent donc pas être mis au crédit des dommages collatéraux. Ils sont purement et simplement le fait de la faiblesse et de la bêtise des Hommes.

Alors, cette loi qu'Amnon, ce malheureux prince d'Israël avait oublié, l'avez-vous trouvée ?

Il s'agit tout simplement de la loi de l'Homme animal, incapable de pardonner, toujours prompt à la vengeance démesurée, même après des années. Dieu connait tellement l'Homme qu'il a, dans un premier temps et en attendant la transformation véritable des cœurs par le Saint-Esprit, demandé à Moïse de la réglementer dans ce qui est communément appelé 'loi du talion' : *Ce sera œil pour œil et dent pour dent*, a prescrit l'Éternel, de façon à ce que celui à qui on a coupé un bras et qui, à cause de sa loi animale qui le pousse à la vengeance aveugle, ne se permette pas de massacrer toute la famille de celui qui l'a blessé, mais qu'il cherche uniquement à sectionner à son tour le bras de son agresseur. Une sorte d'égalité de traitement dans le mal. Voilà ce qu'est cette loi du talion, une révélation de l'incapacité de l'Homme à pardonner.

Amnon avait été forcé à l'oubli de cette réalité par le vin qui l'avait corrompu. Il ne savait plus que la loi de Moïse permettait qu'une victime se venge un jour de ce qu'elle avait subi, et qu'il n'y avait pas de prescription. Il avait oublié que la loi de l'homme animal était d'avoir la pulsion de se venger au-delà de ce qu'il avait subi. Ainsi, même après des années, et dans cette histoire il s'était écoulé deux ans, le crime qu'il avait commis pouvait encore être vengé ! Puisque la victime du viol qu'il avait commis était une femme, son frère, donc Absalon, la remplaçait valablement.

Il s'est endormi et a pensé que ceux qu'il avait blessés avaient oublié. Comme il s'est laissé endormir par le vin, il a fragilisé aussi ses défenses et sa garde.

- La seconde loi qu'il avait oubliée était donc le droit dont parle ce verset du livre des proverbes : le droit de tous les malheureux. En effet, avec une fille déshonorée dans la famille, on s'octroyait le droit, à l'époque, de laver son honneur. Tout simplement.

Amnon avait oublié le droit d'une malheureuse, à savoir Tamar.

Que chacun mesure profondément la révélation de Proverbe 31 : 4-5 et l'assassinat du prince Amnon. C'est comme si ce passage avait été expressément écrit pour expliquer les raisons pour lesquelles ce prince n'avait pas pu échapper à son jugement ! Il avait bu, alors qu'en tant que prince, ce n'était pas à lui de rechercher les boissons fortes. Ainsi il avait oublié la loi, comme le droit du malheureux !

Que l'Éternel soit béni pour la grâce qu'il nous fait de relier entre eux ces versets de la Bible.

Conclusion : nous avons parcouru quatre récits, Noé, Lot, Belshatsar, et Amnon, qui montrent bien que le jeûne du vin aurait permis d'éviter les malheurs qu'ils racontent. Des brèches ont été ouvertes dans ces vies, et les ténèbres s'y sont frayés un passage. A chaque fois, l'impact de la boisson forte est déterminant, comme si l'Esprit de Dieu, à travers ces récits, voulait nous faire passer un message. Saisissons-le pour notre édification, ainsi que pour celle que nous aurons envie de porter aux autres. Chaque fois que cela est possible, fermons les portes d'accès de nos êtres physique et spirituel aux ténèbres.

Chapitre II

L'ALCOOL ET LES 7 CRIS DE MALHEURS ANNONCES PAR LES PROPHÈTES

Il y a bien sept cris de malheurs prononcés contre les amateurs et les "manipulateurs" de boissons alcoolisées. Ils viennent tous de deux prophètes de la Bible.

Section I- *LES TEXTES BIBLIQUES DES CRIS DE PROPHÈTES* :

La seconde voie qui fonde bibliquement ce jeûne nous est ouverte principalement par deux prophètes qui nous parlent de plusieurs attitudes ou faiblesses face à l'alcool, et qui peuvent en conséquence attirer des malheurs spirituels et physiques dans la vie d'un homme ou d'une femme, chrétiens ou pas.

Nous prêtons donc une oreille attentive à ces paroles prononcées par les prophètes Esaie et Habacuc.

1-LES SIX MALÉDICTIONS D'ESAÏE

Les malédictions prononcées par le prophète Esaïe se trouvent dans le chapitre cinq du livre consacré à ses prophéties. Ainsi, nous avons chronologiquement ce qui suit :

- **Esaie 5 : 11-12** : *Malheur à ceux qui se lèvent de bon matin pour rechercher des liqueurs fortes, à ceux qui trainent dans la nuit, échauffés par le vin ! La harpe et la luth, le tambourin, la flute et le vin animent leurs festins ; mais ils n'aperçoivent pas l'action de l'Éternel, ils ne voient pas l'œuvre de ses mains.*

Ensuite, viennent les versets vingt deux et vingt trois du même chapitre cinq :

- **Esaie 5 : 22-23** : *Malheur à ceux qui sont des héros pour boire du vin. Aux champions de la préparation des liqueurs fortes ; ils justifient le coupable pour un présent et retirent au juste son droit à la justice !*

2. LE MALHEUR PRONONCE PAR HABACUC

Le seul malheur énoncé par le prophète Habacuc contre les amateurs d'alcool se trouve dans le chapitre 2 du livre consacré à ses prophéties. Mais c'est celui qui surprend le plus les chrétiens quand ils le découvrent pour la première fois :

- **Habacuc 2 : 15** : *Malheur à celui qui fait boire son prochain, à toi qui verses ton poison et qui l'enivres afin de voir sa nudité !*

Ces versets, pour peu que nous croyons que la Bible est la parole de Dieu, donnent un fondement biblique sérieux à toutes les interdictions que beaucoup de chrétiens observent sur les boissons fortes, et nous font comprendre pourquoi des malheurs sont arrivés dans les vies de Noé, Lot, Belshatsar, ou Amnon, et pourquoi aussi ils arrivent encore aujourd'hui avec des accidents, des bagarres, des femmes battues, et des décès liés aux boissons alcoolisées.

En tant que prophètes, Esaie et Habacuc parlent-ils de la part de Dieu ? Si nous croyons que la réponse est 'oui', posons-nous alors la question de savoir pourquoi ils le font avec ces mots-là.

Section II- MALHEUR AUX LÈVES-TÔT MOTIVES PAR LES BOISSONS ENIVRANTES

- Le premier malheur : gare donc à ceux qui se lèvent de bon matin et se disent : « mince, il me faut ma bière vers midi, car ma réserve est vide » !

J'ai lu un jour le témoignage d'un frère qui disait que son beau-frère, pasteur, prenait toujours une bonne dose d'alcool avant de se rendre à l'assemblée. Il disait se sentir mieux ainsi !

De la part du prophète Esaie, il ne s'agit pas ici de parler d'état d'ivresse. Le malheur qu'il prononce ne s'abat pas sur la personne qui est soule, mais simplement sur celle qui, dès le matin, se dit : « Il me faut mon whisky ou ma bière ». En effet, les chrétiens ayant leurs habitudes avec l'alcool pensent que la consommation sans ivresse est spirituellement sans danger. Ils pensent avoir avec eux les épîtres de Paul, que nous allons soumettre plus tard au verdict du Saint-Esprit, ainsi que les évangiles ou encore la vie de Jésus-Christ. Pour ces personnes, seule l'exagération est interdite. En réalité, comme toujours, il s'agit d'un instinct humain naturel : quand les choses nous dépassent, nous préférons les voir de la manière qui nous arrange, afin d'avancer, car ils constituent pour nous un obstacle aux plaisirs de la vie. Et rassurez-vous, nous sommes tous comme ça, car la part animale qui est au fond de nous tous, celle qui est inscrite dans la chair, nous murmure les mêmes choses.

A travers ce malheur lancé dans le dos de celui qui, de bon matin, court vers sa dose enivrante, l'Esprit confirme ce que nous disions au chapitre précédent. En effet, il y a déjà autour de la boisson forte un esprit de malheur qui rode. Le simple fait d'affecter son matin par une chose pareille déclenche des possibilités vers la nuit. Si un homme court à l'épicerie du coin avant qu'elle ne ferme, l'ombre des ténèbres s'éveille, et médite déjà le moyen de tirer profit de cette frénésie. La première victime c'est d'ailleurs son propre corps qui se fragilisera, donc sa santé.

Le malheur est à sa porte parce qu'il fait de sa dose d'alcool une condition essentielle de la réussite de sa journée. Autant dire qu'il ne va jamais placer sa confiance en Dieu de façon à le remercier du souffle de vie et à lui confier les heures qui vont suivre !

La Bible déclare : *Fait du Seigneur tes délices, et il te donnera ce que ton cœur désir.* **Proverbe 37 : 4**.

Cependant, dans cette attitude matinale, l'Homme ne suit pas ce conseil-là. Il fait de la boisson enivrante ses délices. Et si jamais il n'en a pas, ne comptez pas sur lui pour être de bonne humeur. Car il n'a pas ce qui lui fait du bien.

C'est la recherche inconsciente d'un paradis artificiel, alors que l'Éternel est vivant ! Nous nous abstenons donc, au vu de ce malheur invisible, mais qui déjà plane dans sur nous, de nous risquer à avoir cette communion avec les boissons fortes. Pourtant certaines personnes, même chrétiennes et pratiquantes, peuvent se priver de tout, sauf de leur dose d'alcool. Servez-leur une boisson non alcoolisée et ils vous maudissent ! Or le malheur que lance le prophète c'est pour ceux qui ne peuvent pas se passer de vin à table, de whisky à l'apéritif ou de bière quand ils sont chez des amis.

Les quatre millions de consommateurs excessifs qu'il y a en France ont certainement commencé par un verre à table ou entre copains, puis au fils du temps, ils se sont noyés. Noé n'a pas commencé par se saouler. Ce jour là, quand il se dénuda dans sa tente, il n'en était certainement pas à son premier coup d'essai. Loth y avait peut-être souvent recours pour oublier la mort de sa femme. Mais à force de chercher à oublier, à vouloir anesthésier ses peines, il a fini par s'oublier lui-même.

Section III- MALHEUR AUX NOCTURNES ÉCHAUFFÉS PAR LE VIN

- Le deuxième malheur : comment croire qu'il y ait des personnes qui passent des nuits entières autour d'une voire de plusieurs bouteilles d'alcool ? Tout ce temps-là, Satan le vole à leur femme, à leurs enfants, à leurs parents ou encore à Dieu.
Les évangiles nous disent que Jésus-Christ sortait la nuit pour prier. Car la nuit est temps propice à la communion avec Dieu, mais également, pour les imprudents et les satanistes, avec l'autre sphère spirituelle qui est celle des démons. Et Jésus dit que celui qui n'est pas avec lui est contre lui. Il a sermonné les disciples qui s'étaient endormis une nuit, alors qu'il s'était, lui, éloigné un peu d'eux pour prier. Il faut veiller et ne pas donner à l'oiseleur les moyens d'étendre son filet.

Ce second malheur semble condamner définitivement l'attitude qui consisterait à trainer longtemps dans une buvette ou dans une boite de nuit à s'abreuver d'alcool. Et lorsque Dieu dit « malheur », c'est qu'il y en a vraiment un.
Le nocturne échauffé c'est aussi celui qui reçoit ses amis chez lui, et qui traine avec eux jusqu'à tard la nuit en servant canettes de bière après canettes de bière. Malheur donc à lui également.

Osons croire qu'il n'y a pas de vrais croyants estampillés "chrétiens" qui se retrouvent souvent dans ce genre de situations.

Section VI- MALHEUR A CEUX QUI A CAUSE DU VIN OUBLIENT L'ACTION ET L'ŒUVRE DE L'ÉTERNEL

- Le troisième malheur : l'action de l'Éternel c'est déjà la vie qu'il donne à celui qui passe ses nuits à la fête, boit de l'alcool, danse, mais oublie que c'est déjà grâce à Dieu qu'il a la possibilité de le faire. Dans son délire, il croit devoir son souffle de vie à lui-même, alors même qu'il ne sait pas comment il est passé du sommeil profond au réveil, alors que d'autres, parfois sans explications claires, ne se sont pas réveillés. Or s'il réalisait la bonté de Dieu à son égard, son attitude serait moins nonchalante.

L'œuvre des mains de l'Éternel c'est aussi le corps physique de celui qui festoie, boit du vin, et oublie d'en prendre soin. Le foie qui souffre en éliminant l'alcool, le reste du corps qui s'affaiblit, c'est l'œuvre de l'Éternel qui est méprisée, son ingénierie qui est bafouée. Un potier est-il heureux que quelqu'un s'amuse à frapper son joli pot au sol ? Quel gâchis ! En méprisant la science du corps, sa fragilité, les limites que Dieu a donné à son organisme, celui qui, tout au long de la fête, ingurgite des litres d'alcool, oublie cette œuvre magistrale et se moque de celui qui l'a créée. En effet quel inventeur serait content que son ouvrage soit utilisé au mépris du mode d'emploi et des limites qu'il lui a donné ? N'est-ce pas le pousser à la ruine ?

S'il ne peut pas s'abstenir, le chrétien qui boit doit le faire en tenant au moins compte de cette réalité. Car même lorsqu'il n'est pas soul, un homme, au-delà d'un verre de vin, commence à contrarier son organisme pour une chose qui n'est même pas utile ; ce qui veut dire qu'il oublie de prendre soin de l'œuvre de l'Éternel. Quel énorme risque !

Cet avertissement concerne tous les excès et toutes nos consommations inutiles comme la cigarette ou même les sodas trop sucrés. Lorsque la maladie est au bout du chemin, c'est le malheur qui arrive. Et Dieu n'est en rien responsable.

Section V- MALHEUR A CEUX QUI SONT DES HÉROS POUR BOIRE DU VIN

Le quatrième malheur : il est heureusement rare de rencontrer un vrai chrétien pratiquant très porté sur l'alcool, et qui se soule souvent. Mais cela ne veut pas dire qu'il n'y en a pas. J'en ai malheureusement déjà rencontré quelques uns. Souvenez-vous déjà du jeune curé de mon train de Rome dont je vous ai parlé au début du livre ! N'est-ce pas que le monde est peuplé d'anomalies chroniques ou conjoncturelles de toutes sortes ?

La bravoure pour boire c'est la capacité qu'ont certaines personnes à ingurgiter des litres et des litres de bière sans jamais s'effondrer. Une fois de plus ce n'est pas l'ivresse qui est ici visée. Car après s'être abreuvé d'alcool, ces personnes ont encore la capacité de rester lucides, suscitant l'admiration de leurs amis et compères.
Pourquoi, alors que ces personnes ne se saoulent pas, Dieu fait-il dire à Esaie qu'il y a néanmoins un malheur sur eux ?
La personne qui boit de la sorte détruit dans tous les cas le corps que Dieu lui a donné, abîmant son foie, son système cardiaque, sa vigueur. Il ne peut tenir Dieu pour responsable de sa décrépitude.

Boire excessivement et conserver une certaine maitrise de soi peut s'avérer pire qu'être saoul, car on a tendance à se surestimer. Celui qui est vraiment saoul s'affale, tandis que celui qui tient debout et qui parle encore de manière cohérente va aller s'installer au volant d'une voiture, prenant alors des risques pour soi et pour autrui.

Le malheur annonce bien évidemment des conséquences spirituelles, puisque celui qui est rempli de vin ne peut l'être en même temps du Saint-Esprit.

Celui qui est brave face aux boissons fortes donne également un mauvais exemple aux autres. Il déclenche des défis à relever, suscite une folle admiration de quelques uns qui pensent faire comme lui. Or tous n'ont pas le même organisme et la même résistance. Ainsi, en voulant imiter le brave, l'imitateur peut mourir après un coma éthylique. C'est d'ailleurs ce qui arrive malheureusement en ce moment avec la *Nekmonimation*, cet horrible jeu venu d'Angleterre qui met en scène la consommation excessive de boissons alcoolisées sur internet. Le malheur est sur la personne décédée, mais également sur la vie du héros qui a lancé le défi à l'autre. Le fait qu'il soit en vie ne le prive pas de la malédiction attachée à sa folie.

Section VI-MALHEUR AUX CHAMPIONS DE LA PRÉPARATION DES LIQUEURS FORTES

- Le cinquième malheur : certaines versions bibliques parlent de "ceux qui sont passés maîtres dans l'art de mêler des liqueurs fortes". Ces personnes, éléments capitaux des bars, boites de nuits et autres festivités bien arrosées, ne sont pas forcément eux-mêmes des grands consommateurs d'alcool. Mais ils sont passés maîtres dans l'art de fabriquer des cocktails, un fruit par-ci une liqueur par-là, et vous voilà installé par leurs soins dans un paradis artificiel ! Mais l'Éternel Dieu, avant que ce ne soit un jour au tour de la société de les accuser, leur a déjà crié « malheur à vous ». En effet, la justice n'a pas encore posé son regard sur cet 'empoisonneur' de l'esprit et du corps, considérant qu'il n'est pas juridiquement responsable de celui qui boit, sauf s'il s'agit de substances illicites. Mais Dieu, lui, l'a déjà indexé. Certainement le jour viendra où les Hommes imiteront la Bible.

Le fait de préparer des mixtures alcoolisées pour les autres fait donc de vous des ennemis de Dieu, car la finalité de votre science c'est de causer des étourderies dans l'esprit des consommateurs, et de faire d'eux des accrocs à vos mélanges, ces poisons physiques et spirituels. En effet, il est rare que celui qui a goûté à une telle « merveille » ne jure pas de recommencer un jour.

Au vu de ce cinquième malheur lié à l'alcool, une certitude est d'emblée posée : un chrétien ne peut pas être barman dans un lieu où l'on sert de l'alcool. Son interdiction vient directement de la parole de Dieu, et elle ne souffre d'aucune interprétation contraire. Cette interdiction n'a pas été supprimée par la grâce. Car le prophète parle au-delà du temps.

Dans leurs épîtres, Pierre, Paul, Jacques et Jean ne parlent pas de ce 'chimiste', pas plus que de tous ces malheurs que Dieu met sur les amateurs d'alcool. Mais le verdict de Dieu demeure. Ce n'est pas ici des règles de la loi de Moïse que l'on pourrait considérer comme désuètes.

La science du cocktail alcoolisé est une donc une faute spirituelle.

Section VII- MALHEUR AU SERVEUR DE VIN QUI JUSTIFIE LE COUPABLE POUR UN PRÉSENT

- Le sixième malheur : ce malheur-là est lié au précédant, à celui qui va suivre, à savoir l'Homme qui fait boire son prochain et l'enivre. Le gérant d'un débit de boissons alcoolisées est malheureusement indexé par ces avertissements.

On peut expliquer le laxisme, communément appelé laisser-aller d'un gérant de débit de boisson face à son client. En effet, il se trouve face à quelqu'un qui paye pour s'offrir une nudité spirituelle et une possible destruction de sa propre santé. Même s'il est conscient du risque que le consommateur prend, le fait de recevoir de l'argent l'oblige à se taire. C'est son gagne-pain, et il ne peut pas faire autrement ! Car comment faire la leçon à celui qui vous paie pour s'offrir à boire, surtout quand c'est votre travail que de vendre de l'alcool ?

Ainsi, le gérant justifie le coupable parce qu'il reçoit un présent. Il est même souvent très gentil avec lui, car c'est un bon client. Mais il semble que Dieu mette quand même sur lui un malheur.

Nous en arrivons à une situation simple qui nous emmène à nous demander s'il est sain pour un chrétien de tenir un débit de boissons alcoolisées.

La question que pose l'Esprit est alors cruciale pour ces nombreuses personnes qui gagnent leur vie en Afrique et ailleurs dans le monde, s'enrichissent parfois en servant des boissons fortes aux autres, en les laissant se détruire la santé, mourir dans un accident de voiture, ou suite à une maladie du foie. Doivent-ils fermer leurs débits de boissons afin d'échapper à ce malheur spirituel que la parole du prophète met sur leur tête ? En ce qui nous concerne, la réponse est oui. Comment alors nourrira-t-il ses enfants ? Parce qu'il aura obéit à Dieu, celui-ci lui montrera le chemin.

Ce qui est sûr c'est que pour le chrétien qui n'a pas encore commencé, et qui aurait l'intention de le faire, il serait sans conteste préférable qu'il s'engage dans une autre affaire. Quant à celui qui est déjà un vendeur chevronné d'alcool, peut-il dire que comme il n'oblige personne à venir boire chez lui, encore moins à se saouler, il est libre de ce malheur ? En vérité sa conscience lui parle déjà.

Ce n'est pas parce qu'on tire sur une foule les yeux bandés, ignorant sur qui la balle va tomber que l'on peut plaider non coupable devant le juge. Lorsqu'on est détenteur d'un débit de boisson, on espère logiquement qu'il y ait du monde, des clients fidèles, et que ceux-ci en achètent beaucoup afin que l'on prospère. Après tout, n'y a-t-il pas des enfants à élever, et des biens à acquérir ? Ainsi, on prie pour que les clients avalent plusieurs litres de bières. Ce commerce ne peut être sain devant Dieu.

Le monde est plein de misère, et l'alcool n'a jamais aidé celui qui en est victime à en sortir. Au contraire.

Si le chrétien qui tient une buvette pouvait se poser la question de savoir ce que sont devenues toutes ces personnes qui sont parties de chez lui un soir bien saoul, et ce qu'ils ont pu commettre comme acte parce qu'ils étaient dans cet état, il entreverrait le côté ténébreux de son business. Car certainement des personnes sont devenues malades et incurables, d'autres ont été violées, assassinées ; des chauffards ont causés des accidents mortels, des couples se sont fracassées « grâce » à lui.

Quelqu'un pourrait alors penser que le mieux serait peut-être de contrôler la quantité d'alcool consommée par les clients, et dire stop quand c'est excessif. Mais est-ce facile à gérer ? Est-ce compatible avec le souci de s'enrichir ? Et comment donc le vendeur saura-t-il calculer le nombre de verre au-delà duquel chaque client sera interdit de boire ? En effet pour certains ce sera cinq verres, et pour d'autres seulement trois. Par ailleurs, que faire des héros, de ceux qui vident une bouteille entière de whisky et qui tiennent encore debout ? Osera-t-on refuser de lui vendre la bouteille de champagne la plus chère de la boîte ?

Section VIII- MALHEUR A CELUI QUI FAIT BOIRE SON PROCHAIN, ET QUI L'ENIVRE

- Le septième malheur : Habacuc nous enseigne que le croyant doit s'abstenir de faire boire, et surtout d'enivrer son prochain, car il risque de boire à son tour la coupe de la colère de Dieu. C'est encore ici une condamnation des maquis et buvettes africaines ou encore des bars, des pubs, et des boites de nuits d'ailleurs. Un chrétien ne peut décidément pas servir des boissons fortes et surtout enivrer ses clients ou ses amis.

En France, il y a quelques années seulement, un jugement a fait sensation, car tombé comme un OVNI dans le monde judiciaire. En effet, pour la première fois, des juges condamnaient un gérant de bar qui avait servi trop d'alcool à un homme, avant de le laisser repartir au volant de sa voiture avec laquelle il avait causé un accident mortel, accident au cour duquel il était lui-même mort, ainsi qu'une mère et ses enfants. Or il fallait un responsable pour dédommager la famille ! Ce fut donc le gérant.

La sagesse des Hommes, avec quelques millénaires de retard, emboîtait enfin le pas à la sagesse Biblique !

Sur les hauteurs de Tsoar, les filles de Loth avaient servi à boire à leur père dans un seul but : celui de découvrir sa nudité et d'en tirer profit.

Nous savons depuis le péché d'Adam et Ève que la nudité est le symbole du péché. Ainsi, en faisant boire leur père, elles se préparaient expressément à lui faire commettre un grand péché.

Le barman qui sert un trop plein d'alcool à un client sait parfaitement qu'au bout de la course, celui-ci aura son système nerveux corrompu. Il est donc parfaitement responsable de ce qui pourrait arriver du fait de cette perte de moyens.

Chez certaines personnes, un verre de bière suffit à les déstabiliser. Or lorsque l'on offre à boire à des amis, on ne peut jamais savoir à partir de combien de verres l'un d'eux commencera à perdre ses vêtements. Le simple fait pour un buveur de commencer à parler plus qu'à l'accoutumé, de s'engager dans des discours quelque peu dérangeants pour lui ou pour les autres, montre que, spirituellement, il se dénude. Et en tant qu'acteur de cette débauche spirituelle celui qui lui sert généreusement à boire est coupable devant Dieu.

Ce verset est l'un des avertissements que nous avions pris en considération lorsqu'il y a dix ans, ma femme et moi avions décidé de ne pas servir d'alcool le jour de notre mariage. Nous avions craint d'être responsables devant Dieu et devant les hommes d'un accident mortel, d'une bagarre ou d'une insulte grave dus à des esprits « libérés » par l'alcool.

Depuis peu, en France, les pots d'Adieu d'un salarié qui quitte une entreprise s'organise de plus en plus avec des boissons non alcoolisées. Pourquoi ? Par crainte de cette responsabilité qui plane au-dessus de l'organisateur de la cérémonie !
Essayez enfin d'imaginer un peu le scénario suivant : après avoir trop bu la nuit de votre mariage, votre meilleur ami rentrant chez lui avec sa femme, perd le contrôle de sa voiture et décède. Quel souvenir croyez-vous que la veuve éplorée gardera de votre mariage ? Et vous même d'ailleurs ?
Lorsqu'un chrétien reçoit des amis chez lui, il est préférable pour lui de ne pas leur offrir de l'alcool. S'il pense quand même le faire, qu'il sache que le prophète Habacuc a déjà parlé il y a des milliers d'années.
Si donc face à la famille, vous ne pouvez éviter de servir du vin, tâchez de ne pas vous laissez déborder. Limitez discrètement et avec tact la quantité de chaque convive. Après tout, chacun a sa propre maison pour y boire et se saouler.
Dans la Bible, le mot ' malheur ' est proche du concept de malédiction. A celui qui cherche à s'en éloigner, les cris des prophètes dessinent une voie de prudence pour les uns, et de totale abstinence pour les autres.
Conclusion : terminons l'exploration de ces sept malheurs avec des témoignages de deux célébrités françaises :
- La première célébrité est Jean Luc De la Rue, animateur-producteur de la télévision française, en proie avec des problèmes d'alcool et aujourd'hui décédé à un âge bien jeune. Au sujet des boissons fortes, il déclarait :
« Je n'ai rien contre ça, mais moi je ne sais pas m'arrêter ».
Plus loin, il poursuivait :
« Il y a peut-être une dimension spirituelle, quelque chose de plus fort que nous qui nous empêche d'en sortir».
C'est en effet un véritable enfer, une prison physique, psychique et spirituelle. Le 'chasseur' dont nous avons parlé aux précédentes pages capture ceux qui ont un jour mis les pieds dans le torrent de l'alcool, et ne les lâche plus.

Une dimension spirituelle ? De la Rue ne pouvait pas si bien dire ; sauf qu'il ne se rendait pas compte à quel point il était proche de la vérité. Car il aurait recherché la voie du Seigneur pour l'en délivrer.

- La seconde célébrité est Richard Bohringer, acteur et écrivain français, qui, au sujet de ces mêmes ennuis d'alcool, dit à son tour :

« Mes proches savent les problèmes que j'ai eus avec les diables...»

Plus loin, il dit :

« Ces problèmes-là sont extrêmement intelligents ».

Ces deux témoignages édifiants ne nous parlent t-il toujours pas ? Sans se l'avouer, ces deux hommes publics français, chacun de son côté et avec ses mots, souligne la même influence spirituelle néfaste, à savoir les ténèbres, et celui qui déteste qu'on évoque son existence, le diable. "L'intelligence" que Richard Bohringer attribue à ses problèmes est celle du chasseur, de l'oiseleur, du malin. Les *diables* dont il parle est, nous le comprenons bien, une formule pour ne pas dire Satan.

La dépendance à l'alcool se cache-t-elle aussi dans une dimension spirituelle, cher Jean Luc De La rue ? Oui, certainement. Mais qui a bien voulu vous croire ?

Tout ceci pour vous dire qu'il y a des esprits qui gouvernent ces problèmes d'alcool. Et on en sort jamais indemne, car ces mêmes esprits vous 'mangent' une part de vous-même.

A présent vous pouvez toujours refaire la liste des sept cris de malheurs, puis aller ouvrir et boire une bouteille d'alcool ; vous êtes toujours libres.

Chapitre III

NÉCESSITE ET SENS DU JEÛNE CHRÉTIEN FACE A L'ALCOOL

Si l'on analyse par exemple le jeûne d'Esther, on s'aperçoit que celui-ci avait aussi un sens pour les autres. Ce n'est en effet pas uniquement pour elle-même que la reine fait ce jeûne, mais aussi, et nous dirons même surtout pour le salut des autres. De même le jeûne face à l'alcool, comprend cette idée du "sacrifice" pour servir de miroir aux autres. Il s'inscrit également dans la recherche de la véritable volonté de Dieu, ainsi que dans le désir de suivre la voie tracée par Jésus-Christ au sujet du vin.

Section I- *LA RESPONSABILITÉ SPIRITUELLE DU CHRÉTIEN*

Notre abstinence ou notre légèreté face à la question influe sur nos rapports avec la famille, nos enfants et nos conjoints ; avec les incroyants, ainsi qu'avec nos frères chrétiens.

1-AU MILIEU DES INCROYANTS

Commençons cette marche par une question : Dieu qui nous a créé pour dominer sur toute l'œuvre de ses mains, ainsi que sur celles de nos propres mains, serait-il incapable de nous libérer de l'esclave d'une malheureuse bouteille d'alcool ?

Il y a un panorama noir que chacun doit sans cesse mettre en face de lui pour progresser dans les voies de ce jeûne spirituel. En Europe, l'alcool est la principale cause de décès chez les jeunes. La vodka ravage des vies dans les pays de l'ancien empire soviétique. Mais l'Afrique est certainement forte d'un bilan plus catastrophique. Or en tant que chrétien, il y a une responsabilité qui nous incombe. Face à ce problème, nous devons êtres en première ligne en terme d'exemplarité, et nous montrer dignes de ce que le Seigneur a reçu pour nous de la part du Père céleste, et qu'il nous a légué.

Jésus-Christ dit ceci du chrétien : *Vous êtes la lumière du monde. Une ville située sur une montagne ne peut-être cachée. On allume pas une lampe pour la mettre sous le boisseau, mais on la met sur le chandelier, et elle éclaire tous ceux qui sont dans la maison.* **Matthieu 5 : 14-15.**

Lorsqu'un voyageur exténué, fatigué par sa marche aperçoit une lumière au sommet d'une colline, il se dit dans son cœur : « Voilà un village dans lequel je pourrais me reposer ». Alors il vient vers vous, chrétien, pour apaiser ses doutes. Mais si ce village est éteint, le verra-t-il ? Et même s'il le voit, avancera-t-il vers lui en toute confiance ?

Quand on est prisonnier d'un méchant, on ne vient pas se plaindre ou chercher du secours auprès d'un ami de ce méchant ! Or si je suis moi-même amateur de boissons fortes, je suis un ami de ce méchant que la victime d'alcool essaye de fuir. Conclusion, sa confiance en moi sera limitée, voire nulle. Je serai telle une lumière que Christ a allumé, et que l'alcool a placé sous le boisseau.

Le Christ dit également ceci de nous, chrétiens : *Vous êtes le sel de la terre. Mais si le sel perd sa saveur, avec quoi la lui rendra-t-on ? Il ne sert plus qu'à être jeté au-dehors, et foulé au pied par les hommes.* **Matthieu 5 : 13.**

Cela fait du chrétien une personne auprès de qui celui qui est fatigué de son long voyage dans les eaux troubles de l'alcool peut trouver refuge. Chaque chrétien est donc un rempart et une source d'aide et de motivation pour celui qui est devenu esclave des boissons enivrantes et autres dépendances nocives.

Ce beau rôle peut très vite être remis en cause, et la ville que vous êtes devenir une lumière pâle, voire éteinte, si vous-même vous buvez de l'alcool. En effet, comment le malheureux alcoolique pourrait-il trouver crédible et fort un tel refuge ? Vous risquez de paraître à ses yeux comme une sorte de "frère d'arme" dans la faiblesse, donc d'un secours spirituel un peu léger ; car il ne pourra pas vous élever bien haut dans son for intérieur.

A la place de l'alcoolique en quête d'aide, qui irez-vous voir, le chrétien qui de temps en temps consomme des boissons fortes, ou celui qui n'en boit pas ?

J'ai déjà, à plusieurs reprises, entendu des consommateurs de boissons alcoolisées tenter de justifier leur penchant par cette réplique qu'ils voudraient imparable : « Même les prêtres boivent du vin » !

Si, pensent-ils donc, ceux qui ont consacré leur vie à Dieu, qui ont avec eux toute l'apparence de la sainteté, et qui connaissent les choses spirituelles boivent quand même de l'alcool, c'est bien la preuve qu'il n'y pas le feu dans la maison de Dieu !

Voilà comment nous pouvons servir, malgré nous, d'alibi à quelques amateurs qui voudraient trouver en nous la justification de leur ferveur pour le vin ; d'où l'idée de la responsabilité du chrétien.

2-AU MILIEU DES FRÈRES CHRÉTIENS

Même lorsque nous nous retrouvons entre chrétiens, notre responsabilité face à la faiblesse des autres reste engagée. En effet, si vous croyez que boire du vin n'est pas un problème, ce n'est pas forcément le cas des autres frères qui vous entourent. Or voici ce que nous dit l'Esprit de Dieu, via l'apôtre Paul : *Il est bien de ne pas manger de viande, de ne pas boire du vin, et de s'abstenir de ce qui peut être pour ton frère une occasion de chute, de scandale, ou de faiblesse. Cette foi que tu as, garde-la pour toi devant Dieu. Heureux celui qui ne se condamne pas lui-même dans ce qu'il approuve.* **Romains 14 : 21-22**.

Vous serez jugé devant l'Éternel sur votre foi selon laquelle le vin n'influe point sur la relation qui existe entre vous et votre Dieu. Mais de grâce ne tentez pas d'enrôler votre frère ou votre sœur dans ce qui est une conviction à vous, et ne le contrariez pas. Le forcing spirituel peut causer beaucoup de dégâts dans l'esprit de l'autre. Un chrétien ne doit jamais chercher à transmettre ses convictions par de tels agissements, en pensant qu'il suffit de sortir deux mots pour mettre son frère ou sa sœur dans un état spirituel convenable.

Si par ailleurs en face de vous se trouve un chrétien convaincu que l'alcool est spirituellement nocif pour quiconque cherche l'élévation, et cela même à faible dose, sachez que cette conviction rend effectivement l'alcool mauvais pour son esprit, puisqu'il est clairement écrit : *Car je sais et suis persuadé par le Seigneur Jésus que rien n'est impur en soi, et qu'une chose n'est impure que pour celui qui la croit impure.* **Romain 14: 14.**

Une chose devient impure pour celui qui pense qu'elle est impure !

Ce n'est donc pas de l'hypocrisie, si vous êtes porté sur le vin, que d'en boire dans votre maison, à l'abri du scandale. Vous aurez au moins pris la résolution de ne pas choquer un tout petit pour qui Christ est mort ; et ce sera bien pour vous car vous éviterez un grand péché.

Il est bien de ne pas boire de vin...Cela nous conduit vers une abstinence qui n'est pas libre, mais qu'importe, et aussi à une prise de conscience de la présence de l'autre. N'est-ce pas là une preuve d'amour ?

Si rien n'est impur en soi, comme nous le dit l'épître aux romains, donc le vin n'est pas mauvais en soi non plus !

Éclaircissons ce verset qui est un sujet de faiblesse parmi les chrétiens.

Ici Paul s'adresse à des personnes qui demeurent influencées par la loi de Moïse, où plusieurs aliments étaient considérés comme impurs, donc impropres à la consommation. Il nous révèle qu'il tient de sa connaissance du Seigneur qu'en réalité rien n'est impur en soi. En des termes plus simples, aucun aliment ne porte en lui une impureté liée à sa naissance ou à son espèce.

Quand Dieu a interdit la viande de porc, cette interdiction était inscrite dans la loi dite de Moïse et ce pour tout le monde, sans exception, et en toute circonstance. Mais rien ne nous explique que le porc porte en lui une impureté congénitale. Néanmoins l'interdiction est dans la loi, et elle l'est en permanence. Or il n'en est pas de même pour le vin. En effet, ni dans la loi ni ailleurs, sa consommation n'a jamais été clairement interdite à tout le peuple d'Israël et en toutes circonstances. Son interdiction légale était limitée à quelques personnes comme les nazaréens ou les sacrificateurs, et en plus pour ces derniers uniquement dans certaines situations. Cela prouve bien qu'il n'y a pas d'impuretés intrinsèques, quelque chose de sale qui dort à l'intérieur du vin, sinon Dieu n'aurait pas permis qu'il y ait des situations où sa consommation est possible comme plus tard avec la Sainte Cène.

Ainsi avec le vin, il ne s'agit pas d'impureté et de pureté. Pour mieux comprendre ce vers quoi nous tendons, revenons à la différence qui existe entre les rapports horizontaux, donc des Hommes entre eux, et les rapports verticaux, c'est-à-dire ceux de Dieu avec les Hommes.

Rapport horizontaux : celui qui consommait ou faisait quelque chose d'impure au milieu du peuple israélite, devait être mis à l'écart, éloigné des autres personnes, jusqu'à ce qu'il se purifie. Mais l'homme qui buvait du vin ne subissait jamais ce traitement. Ainsi dans les rapports horizontaux, d'homme à homme, le vin consommé avec modération ne nuisait pas aux liens avec les autres, car il n'était pas considéré comme étant impur.

Rapports verticaux : Dieu avait dit à Moïse qui l'avait consigné que le sacrificateur qui consommait du vin, et nous allons y revenir plus tard, n'avait pas le droit de s'approcher de l'Éternel des armées. Donc, bien que non impur en soi, le vin était malgré tout interdit pour celui qui voulait communiquer avec l'Éternel ou être en fusion avec lui. Ainsi quand Paul dit que rien n'est impur en soi, cela ne signifie pas que l'alcool, puisqu'il n'est pas impur, n'a aucun impact dans notre intimité avec Dieu.

En d'autres termes donc, Paul aurait bien pu dire ce qui suit aux romains : « Dans vos relations et rencontres de tous les jours, boire un peu de vin est permis, et ne bannissez pas l'un des vôtres parce qu'il en boit. Ne bannissez pas non plus celui qui a consommé un aliment que vous croyez être impur, car ce même aliment est pur pour celui qui le croit pur. Par contre s'il s'avère qu'il y en a un parmi vous qui n'a pas compris que le vin n'est pas impur en soi, ne le contrariez pas, et abstenez-vous de boire devant lui, pour sa paix spirituelle »

Conclusion à retenir : dans ce passage de l'épître aux romains, même si on peut penser qu'il est aussi question de vin, l'apôtre ne tranche pas la question de son impact dans l'élévation spirituelle. Non. Il reste au niveau relations humaines, car il parle surtout à des personnes qui s'accusent et se rejettent à cause des interdits alimentaires de la loi de Moïse.

La responsabilité du chrétien le conduit également à intégrer dans son esprit les sept cris de malheurs lancés par les prophètes. Ainsi il ne se précipitera pas tôt le matin vers les boissons fortes, ne sera pas brave dans leur consommation, ne s'attardera pas la nuit autour de la musique, un verre d'alcool à la main ; il ne servira pas un homme au risque de le saouler, ne se fera pas maître dans la fabrication des cocktails, il ne justifiera pas le coupable, autrement dit le buveur pour un présent, et enfin il ne s'échauffera pas tard la nuit à la boisson forte.

La responsabilité tient également au fait qu'il doit se tenir droit, sain, et sans faille pour être apte à relever ceux qui sont en faillite face à l'alcool.

Section II- LE JEÛNE FACE AU VIN EST UNE ARME D'ÉLÉVATION SPIRITUELLE

Toute l'histoire de la Bible regorge d'hommes et de femmes qui se sont élevés spirituellement en jeûnant afin d'obtenir le concours de Dieu.

Il faut comprendre l'esprit et les vertus spirituelles du jeûne. En effet, l'Éternel n'interdit pas aux Hommes de manger ou de boire de l'eau dans la vie de tous les jours. Bien au contraire, c'est vital. Il faut manger et boire de l'eau pour continuer à vivre. Pourtant lorsqu'ils se privent de ces choses essentielles et se font petits devant leur créateur, lorsqu'ils donnent la primauté à l'esprit en muselant les envies de la chair, Dieu dispose des éléments du ciel et de la terre en leur faveur.

Le jeûne est une élévation en esprit, car celui-ci prend le dessus sur les désirs et les faiblesses de la chair, pour en devenir maître, faisant par-là de la place aux voies spirituelles.

L'une des choses qui font de nous des « petits dieux » et pas des grands, c'est la chair dont nous devons satisfaire les besoins et les désirs ; une chair à la quelle nous devons faire attention de peur qu'elle se blesse ou tombe malade. Cette préoccupation réduit le temps accordé au développement de l'esprit. C'est pourquoi la Bible considère les excès de table comme un péché.

Certains anges ont été déchus aussi à cause de ce désir de satisfaire quelques instincts, car même s'ils n'ont pas de corps, tous les anges, de lumière comme de nuit, ressentent des choses. Et eux, ils sont descendus sur terre pour coucher avec les filles des hommes, car ils les trouvaient belles (voir genèse 6 : 2). Cependant, ils n'ont pas autant de faiblesse dans leur corps que nous. Ainsi, plus nous restreignons les besoins et les désirs de ce corps, plus nous nous rapprochons en esprit à des anges. D'ailleurs dans le livre de l'apocalypse, les évêques ou les pasteurs des sept églises sont chacun appelés 'ange', n'est-ce pas ?

*Ecris à l'ange de l'Église d'Ephèse...Ecris à l'ange de l'Église de Laodicée...*Or depuis quand un ange dirige-t-il une église locale, et en est responsable devant le Christ, pour son salut ou pour sa destruction ?

Jésus-Christ nous révèle la puissance du jeûne le jour où il guérit un enfant lunatique au milieu de la foule : *Mais cette sorte de démon ne sort que par la prière et le jeûne.* **Mathieu 17 : 21.**

Certains, parmi lesquels on trouve des spécialistes des textes anciens, soulignent que ceux-ci ne mentionnent pas le jeûne dans ce verset, et, d'ailleurs, ni Marc ni Luc n'attribuent à Jésus le mot jeûne quand ils rapportent le récit de cette guérison-là.

Qu'à cela ne tienne !

Avant d'entrer pleinement dans son ministère terrestre, le Christ n'avait-il pas jeûné quarante jours et quarante nuits ? La réponse est dans Matthieu 4 : 1-11. Moïse n'a-t-il pas jeûné quarante jours ? Si, Exode 34 : 28. Le prophète Élie ne l'a-t-il pas fait, errant quarante jours dans le désert ? Bien sûr que si, 1 Rois 19 : 8. Et comment Esther a-t-elle réussi à briser la loi qui gouvernait la royauté ? Par le jeûne, Esther 4 : 16. Mais nous pouvons également évoquer le roi Josaphat qui publia un jeûne national en vu d'obtenir les faveurs de l'Éternel !

Tous ces exemples montrent bien que le jeûne est une composante forte de la vie spirituelle. Mais nous allons cependant rester sur le vin et les boissons alcoolisées.

Un jour, afin de démontrer la fidélité du clan des Récabites aux préceptes qu'ils avaient reçus de leur ancêtre, en opposition à l'infidélité des israélites aux commandements donnés par Moïse, Dieu demanda au Prophète Jérémie de leur offrir du vin.

Voici rapportée la réponse des intéressés : *Mais les Récabites répondirent : « Nous ne buvons pas pas de vin, car notre ancêtre Yonadab, fils de Récab, nous a ordonné ceci : Vous ne boirez jamais de vin, ni vous ni vos enfants ».* **Jérémie 35 : 6.**

Au verset 7, nous découvrons que la liste des abstinences est longue, car Récab avait aussi fait d'autres interdictions à son clan. Mais il y a derrière tout ceci un fil conducteur qui nous ramène à l'esprit de notre livre. Pourquoi le disons-nous ? Alors même qu'il s'agit bien de montrer à quel point cette famille était fidèle aux principes de leur ancien, en opposition à l'infidélité des israélites aux commandements de Dieu, toutes les autres interdictions qu'énumère ce verset, et qui auraient pourtant renforcé la démonstration, ne sont pas prises en considération par l'Éternel.

Pourquoi Dieu ne s'intéresse-t-il qu'à l'abstinence face au vin ? Pourquoi ne demande-t-il pas à Jérémie d'essayer voir avec les autres interdictions ?

La raison est que cette abstinence face au vin est particulièrement agréable à Dieu, et le laisse admiratif des récabites. C'est, croyons-nous, précisément grâce à ce jeûne perpétuel que Dieu dit à ensuite au prophète Jérémie : *A cause de cela, ainsi parle l'Éternel des armées, le Dieu d'Israël : Yonadab, fils de Récab, ne manquera jamais de descendant qui se tienne en ma présence.* **Jérémie 35: 19.**

On pouvait penser au départ que c'était uniquement la fidélité des Récabites aux principes de leur ancien, c'est-à-dire leur respect des règles qui plaisait à Dieu. Mais on voit bien qu'avec ce décret qui leur donne une place perpétuelle en sa présence, c'est bien ce jeûne du vin qui en est la raison principale, puisque dans le même sens, il a interdit par la loi de Moïse, et nous allons y arriver, à tout sacrificateur qui a bu du vin de s'approcher de lui sous peine de mort.

Pourquoi Récab avait-il, entre autres interdictions, recommandé à ses fils de ne jamais boire du vin à une époque où tout le monde en buvait ?

« Offre du vin à ce chrétien », dira Dieu à votre propos. Quelle sera alors votre réaction, celle des israélites, qui somme toute n'est pas passible d'enfer mais relève bien de la faiblesse de la chair, ou celle des Récabites qui vous élève et vous octroie une place en présence de Dieu ?

Section III- *LE JEÛNE DU VIN DES DISCIPLES DE JÉSUS-CHRIST*

Un jour, les pharisiens et leurs scribes reprochèrent à Jésus et à ses disciples la fréquentation des publicains, gens de mauvaise vie, ainsi que leur penchant pour la fête. En effet, *ils lui dirent : Les disciples de Jean, comme ceux des pharisiens, jeûnent fréquemment et font des prières, tandis que les tiens mangent et boivent.* **Luc 5 : 33.**

Que buvaient-ils pour que les religieux s'en indignent ? De l'eau ? Non, du vin très certainement, car personne ne s'indigne à ce point quand il voit un homme spirituel boire de l'eau ou du fruit de la vigne sans alcool.

On peut s'étonner ainsi de cette légèreté, surtout que de nos jours le jeûne fait partie de la vie de beaucoup de chrétiens. D'ailleurs, vous l'avez remarqué, les disciples de

Jean-Baptistes ne boivent pas, ou le font très rarement ; puisqu'ils sont loués par les pharisiens parce qu'ils jeûnent. Pourquoi les disciples de Jésus ne jeûnaient-ils pas, mais buvaient du vin au vu et au su de tous ?

Ouvrons une parenthèse rétrospective pour souligner une chose : nous retrouvons ici la question de la responsabilité chrétienne traitées aux pages précédentes. Car tout ce que nous faisons au vu et au su des autres peut causer des incompréhensions et des troubles dont nous sommes finalement responsables. Nous ne buvons pas uniquement pour nous-mêmes. Il y a tout autour de nous des gens que nous influençons, soit négativement soit positivement. Et il y en a que nous scandalisons !
Dans ce cas de figure, c'est aussi Jésus-Christ lui-même qui est accusé de laxisme. En effet, pensent alors les pharisiens, il ne discipline pas ses adeptes.

A l'écoute de ces versets, il peut donc être tentant pour le chrétien faible face à l'alcool de se servir de certaines séquences de la vie de Jésus comme de celle de ses disciples pour justifier « bibliquement » ses faiblesses.
La réponse que donne cependant le Christ à ceux qui le critiquent balaye ce genre d'argumentation. Car dans la foulée, *il leur répondit : Pouvez-vous faire jeûner les amis de l'époux pendant qu'il est avec eux ? Les jours viendront où l'époux leur sera enlevé, alors ils jeûneront en ces jours-là.* **Luc 5 : 34.**
Comment comprendre ces paroles ?
Jésus-Christ est spirituellement l'époux de l'Église, c'est-à-dire et en un mot de l'assemblée de tous ceux que Dieu a décidé de sauver à travers lui. Voici à ce sujet ce que Paul déclare : *Car je suis jaloux à votre sujet d'une jalousie de Dieu, parce que je vous ai fiancé à un seul époux, pour vous présenter au Christ comme une vierge pure.* **2 Corinthiens 11: 2.**

Lorsqu'il s'adresse aux pharisiens, Jésus prend son exemple dans la réalité qui l'entoure : au moment de la célébration d'un mariage, il n'est pas possible que les amis du marié soient privés de vin et de bonne nourriture. Ils sont dans la joie à cause du mariage de leur ami, et se réjouissent de ce qu'il a trouvé une femme. Alors, en tant qu'invités d'honneur, ils ne sont privés de rien.
Dans les paroles de Jésus, nous découvrons une préfiguration des noces de l'agneau qui seront célébrées dans les lieux célestes au temps déjà arrêté par le Créateur, mais que le Christ lui-même dit ne pas connaître. En effet, dans le livre de l'apocalypse, il est écrit : *Réjouissons-nous, soyons dans l'allégresse et donnons-lui gloire, car les noces de l'agneau sont venues, et son épouse s'est préparée.* **Apocalypse 19 : 7.**

Cependant, il est clair qu'en parlant de la sorte ce jour-là, Jésus ne permet pas aux pharisiens d'accéder à la connaissance spirituelle de ce qu'il leur dit. Personne, et pas même les disciples, ne s'imagine à ce moment-là qu'il évoque ce qui va arriver à la fin des temps. Les disciples sont les amis de l'époux, et ils assistent jour après jour à la pose des bases spirituelles qui vont conduire à la naissance de l'Église que son fiancé, Jésus-Christ, prépare. Ainsi, pendant que ce dernier est avec les disciples, ceux-ci ne jeûnent pas. Leur relation est l'image du futur mariage de l'agneau avec son épouse. Ainsi les amis ont un traitement spécial.

Maintenant quand le Christ rappelle que les jours viendront où l'époux leur sera enlevé, de quoi parle-t-il ? De son retour vers le Père bien sûr. Et que se passera-t-il à ce moment-là ? Eh bien les amis de l'époux, donc les disciples, commenceront à jeûner.
Aujourd'hui l'époux nous a été enlevé. Il n'est plus avec nous physiquement. Alors, que doivent faire les amis de l'époux ?
Ils jeûneront en ces jours-là, Répond le Christ.
Nous pouvons alors penser à une chose : si le Christ dit que lorsqu'il ne sera plus là, ses disciples jeûneront, nous sommes en droit de penser qu'il s'agit là d'un jeûne court, temporaire, comme celui d'Esther par exemple; c'est-à-dire un jeûne à faire juste pour quelques jours, et que l'on reprend au gré de sa vie spirituelle, comme nous le faisons aujourd'hui. Cependant, en vérité, si Jésus répond de la sorte aux pharisiens, c'est qu'il s'agit d'un long jeûne, spécial, car un jeûne de trois jours par exemple ne pouvait pas avoir pour effet de faire taire les pharisiens, puisque ce genre de jeûne une fois terminé, les disciples pouvaient encore recommencer à boire et à se faire à nouveau critiquer par ces « prêtres ».
Il s'agissait donc certainement d'un jeûne plus long qui devait convenir, passez le terme, aux " exigences " des pharisiens.

Qu'est-ce qui peut encore nous faire penser que Jésus-Christ veut instituer un jeûne perpétuel ?
Lorsque nous poursuivons la lecture des évangiles, nous découvrons les mots qui expliquent la réalité de l'institution d'un jeûne perpétuel, sans pour autant l'imposer à tous les chrétiens.
Avec quel verset pouvons-nous construire cette conviction ?

Lors de l'institution de la Sainte Cène, peu avant qu'il ne soit enlevé aux disciples et au reste du monde, Jésus-Christ leur dit : *Je vous dis, je ne boirais plus désormais de ce fruit de la vigne jusqu'au jour où j'en boirai du nouveau avec vous dans le royaume de mon père.* **Matthieu 26 : 29**.
C'est là une invitation indirecte certes, mais une invitation quand même qu'il nous fait à ne plus en boire également, jusqu'aux temps arrêtés où seront célébrées les noces de l'Agneau, comme le révèle Apocalypse 19 : 7.
Certains pensent alors que Jésus parle de la sorte parce qu'il sait qu'il va mourir, et qu'un mort ne peut plus boire de l'alcool, ce qui est logique. Mais c'est là un argument inspiré, non par l'Esprit de Dieu, mais par la faiblesse de notre chair qui n'entend pas croire à un jeûne du Christ face au vin. Car cela condamnerait définitivement les amateurs de boissons alcoolisées à imiter leur maître ! C'est également la vérité que pas grand monde, en méditant la Bible, ne relève les preuves du jeûne de Jésus après qu'il ait prononcé cette phrase-là.

Cinq évènements bibliques contredisent d'ailleurs cette réflexion, et confirment qu'effectivement le jeûne du vin commence dès que l'époux est enlevé :

Premièrement, avant même que Jésus ne soit crucifié, et deuxièmement trois jours après sa mort, quand il ressuscite, car il se passe des choses à ce sujet-là, et se sera le thème de la prochaine section.

Avant d'en parler de manière plus détaillée, revenons d'abord sur ce verset : le vocable « nouveau » utilisé dans ce passage quand Jésus dit *jusqu'au jour où j'en boirai du nouveau* signifie boire d'une manière différente, d'après le théologien Darby. Il s'agit donc d'un vin qui n'est pas celui que nous connaissons, mais d'un millésime spirituel, réservé pour les temps inconnus. C'est un mystère qu'il ne nous est peut-être pas donné de connaître clairement aujourd'hui.

Jésus parle donc d'une consommation qui n'est pas semblable à celle des Hommes de la terre. Elle est spirituelle, dans un corps qui n'est plus humain, corruptible, sujet à faiblesse. Cela nous renvoi bien sûr aux noces de l'Agneau.

Section IV- LA VÉRITÉ OUBLIÉE DU JEÛNE DE JÉSUS FACE AU VIN

C'est le moment de relever enfin ces cinq évènements qui nous montrent sans ambiguïté le jeûne du Seigneur face au vin. Une réponse claire donc à tous ceux qui ont toujours pensé que Jésus n'a jamais eu une attitude restrictive face au vin, et que le simple fait qu'il ait bu pendant les fêtes, ou qu'il en ait offert aux célèbres noces de Cana pour son premier miracle en public, justifiait la consommation d'alcool chez les chrétiens.

Après avoir dit, lors de la Sainte Cène qu'il ne boirait plus de ce fruit de la vigne, Jésus nous en apporte la certitude à travers plusieurs évènements ayant encore marqué sa présence sur terre. Nous allons donc révéler cet enseignement à travers cinq points précis de la vie terrestre du Christ :

<u>1-SUR LE CHEMIN DE GOLGOTHA</u>

Tandis que les romains emmenaient Jésus vers le mont Golgotha pour le crucifier, l'évangile de Marc rapporte un premier évènement présenté par Marc comme suit : *Ils lui donnèrent du vin mêlé de myrrhe, mais il ne le prit pas.* **Marc 15 : 23**.

La vérité dans toute sa splendeur ! Jésus ne pouvait pas boire cette mixture, même s'il avait soif, même s'il avait mal, car il en avait fait le serment devant les douze, donc devant l'Église.

Je ne boirais plus de ce fruit de la vigne. Plus de vin donc dans le corps du Seigneur, qu'il soit mêlé ou pas à la de myrrhe.

Le diable savait qu'il avait fait ce sermon-là. Alors comme il savait qu'il devait avoir soif, et mal à cause de la couronne d'épine posée sur sa tête et les autres sévisses dont il avait souffert, il a essayé de le tenter, afin de briser son jeûne. Mais il a échoué, car ce n'était pas un homme ordinaire en face. A ce moment-là, il était connecté, non à sa nature terrestre, mais aux promesses merveilleuses du Père. Il avait abandonné aux Hommes sa nature mortelle pour se réfugier dans les bras du Créateur.

2-SUR LA CROIX DE GOLGOTHA

Alors que Jésus-Christ est crucifié, il se passe un second événement qui se rapporte à un fruit de la vigne et dont parlent les quatre évangiles. Qu'en dit exactement Jean, l'apôtre témoin de la crucifixion ?

Jean 19 : 29-30 *Il y avait là un vase plein de vinaigre. On fixa à une tige d'hysope une éponge imbibée de vinaigre et on l'approcha de sa bouche. Quand il eut pris le vinaigre, Jésus dit : Tout est accompli. Puis il baissa la tête et rendit l'âme.*

Quant à Marc, il rapporte les mêmes faits de la manière suivante : *Et l'un d'eux (soldat) courut remplir de vinaigre une éponge, la fixa à un roseau, et lui donna à boire en disant : Laissez, voyons si Elie viendra le descendre.* **Marc 15 : 36**.

Pourquoi Jésus boit-il du vinaigre ? Ne va-t-il pas là contre sa propre parole ?

Premièrement, le vinaigre n'est pas forcément un fruit de la vigne, car on peut également en faire avec du cidre, c'est-à-dire des pommes. Donc si c'est du vinaigre de cidre, il ne contredit pas sa parole, car il ne s'agit pas d'un « produit de la vigne ». Mais restons sur le cas probable du vinaigre de vin.

Pourquoi Jésus boit-il du vinaigre de vin, fruit de la vigne, alors qu'il a dit qu'il n'en boirait plus ? Pourquoi a-t-il refusé de boire le vin mêlé à la myrrhe, et consent-il à boire du vinaigre ?

La révélation de l'Esprit, c'est qu'il n'était pas là en contradiction avec ses propres paroles, et nous allons découvrir pourquoi.

Faisons très attention aux mots et au langage utilisé par Jésus lors de la Sainte Cène. Il a dit aux disciples, qu'il ne boirait plus de « ce » fruit de la vigne. En d'autres termes, il n'a pas dit qu'il ne boirait « tous les produits issus de la vigne », comme le jus de raisin ou le vinaigre par exemple. Il s'agit de « ce » fruit la vigne qui est le vin de table. Il a donc expressément désigné le vin, produit fermenté, question de le différencier des autres fruits de la vigne comme le vinaigre, le jus de raisin et autres. Car s'il avait pensé mettre fin à la consommation de tout produit fabriqué à partir de la vigne, il aurait simplement dit : Je ne boirai plus de fruit issu de la vigne.

Le pronom démonstratif « ce » a, dans l'expression de Jésus, une importance capitale. Si on lui avait proposé du jus de raisin tiré le jour même, il l'aurait aussi bu, puisqu'il ne s'agissait pas du vin alcoolisé, ce vin de la vigne qu'il avait dans ses mains lors de l'institution de la Sainte Cène. En effet, si quelqu'un me présente du pain de la boulangerie d'en face, et que l'ayant mangé je le trouve mauvais, je peux déclarer que je ne mangerai plus de « ce » pain-là, c'est-à-dire celui fabriqué dans cette boulangerie-là. Cela me laisse le droit de manger ceux fait ailleurs. Par contre si je dis : « je ne mangerai plus de pain », là j'annule la consommation de toute forme de pain, y compris ceux fabriqués dans les autres boulangeries.

En conclusion donc, il est clair qu'il n'avait pas violé son propre jeûne.

Que se passe-t-il alors après la résurrection de Christ ?

Là également, il n'est plus fait mention du fruit de la vigne, donc du vin, à la table du Seigneur. En effet, puisqu'il avait dit qu'il ne boirait plus de vin, une fois ressuscité, et encore sur terre, il ne pouvait pas se contredire.

3-LA CÈNE PARTAGÉE AVEC LES DISCIPLES D'EMMAÜS

Voici les faits tels que rapportés dans la Bible : *Pendant qu'il était à table avec eux, il prit le pain, dit la bénédiction ; puis il le rompit et le leur donna. Alors leurs yeux s'ouvrirent et ils le reconnurent ; mais il disparut devant eux.* **Luc 24 : 30-31**.

Il s'agit, bien évidemment, des fidèles qu'il avait rencontrés sur le chemin d'Emmaüs, et qui l'avaient invité chez eux.

Ici, quelques jours après la résurrection, l'Esprit nous présente une Cène débarrassée de vin. En effet, le mot *céna* en latin signifie repas du soir. Or lorsque sur le chemin les disciples d'Emmaüs, ne l'ayant pas encore reconnu, le pressent pour qu'il demeure encore avec eux, ils lui dirent dans le verset 29 : *...Reste avec nous car le soir approche, le jour est sur son déclin...*

C'est donc bel et bien un repas du soir, semblable donc à celui qu'il avait partagé quelques jours avant sa mort avec Pierre, Jean, Thomas et les autres. Jésus le conduit cette fois avec du pain seulement. Plus de coupe de vin. Il rompt le pain, rend grâce, et le distribue sans chercher à faire la même chose avec du vin.

Pourquoi, après avoir rompu le pain n'a-t-il pas prit une carafe de vin pour la partager avec eux ?

Cette absence de vin sur la table du Christ est-elle anodine ? Nous pouvons penser qu'il s'agit juste d'un événement isolé, et qu'il n'y avait peut-être pas de vin dans cette maison. Mais parce que Dieu ne nous enseigne pas en vain, découvrons la confirmation de l'effacement du vin sur la table du Seigneur après la résurrection.

4-L'APPARITION AUX DISCIPLES A JÉRUSALEM

Lorsque Jésus se présenta plus tard aux douze disciples, voici ce qui se passa entre autres : *Comme dans leur joie ils ne croyaient pas encore, et qu'ils étaient dans l'étonnement, il leur dit : Avez-vous ici quelque chose à manger ? Ils lui présentèrent un morceau de poisson grillé. Il le prit et le mangea devant eux.* **Luc 24 : 41-43**.

Pourquoi le récit ne nous dit pas qu'ils lui avaient aussi donné du vin ? Ne mangeaient-il pas souvent avec du vin, ces hommes-là ? Peut-être devons-nous simplement dire que c'est parce qu'il n'y en avait pas. Car là encore, l'esprit sceptique décidé de garder son verre d'alcool peut, une fois de plus, parler de simple coïncidence. Cependant, Jésus n'était pas un homme pour mentir ou pour se déjuger. La preuve, c'est déjà sa troisième apparition sans alcool après la résurrection.

5-LE REPAS AU BORD DE L'EAU :

C'est le récit de **Jean 21 : 9-13** : *Lorsqu'ils furent descendus à terre, ils virent là un brasier, du poisson posé dessus, et du pain. Jésus leur dit : Apportez des poissons que* *vous venez de prendre. Simon Pierre monta dans la barque, et tira à terre le filet plein de cent cinquante trois gros poissons ; et quoiqu'il en eut tant, le filet de se déchira pas. Jésus leur dit : Venez manger. Et aucun des disciples n'osait lui demander : Qui es-tu ? Car il savait que c'était le Seigneur. Jésus s'approcha, prit le pain et le leur donna, ainsi que le poisson.*

Trois fois de suite après sa résurrection, le Seigneur apparaît à ses fidèles, et partage un repas avec eux. Dans ces trois récits rapportés par Jean et Luc, nous savons ce qu'il y a à manger, car le menu est connu. Par contre, alors qu'un peu de vin est une chose courante et normale à l'époque pendant les repas, il n'apparaît plus à table.

Les rédacteurs des évangiles ont-ils expressément oublié de parler du vin, où au contraire il n'y en avait pas ?

On pourrait aussi être rebelle et dire que ce n'est pas parce qu'il n'est pas fait mention de verre ou d'assiette que cela veux dire qu'il n'y en avait pas. Pourtant, nous devons bien comprendre que dans le récit biblique, le lien entre la nourriture et le vin est bien plus étroit que celui qui existe entre la nourriture et les couverts. Donc, mentionner ou pas la table, la cuillère ou la chaise n'a pas d'incidence que peut avoir l'absence de vin aux côtés de la nourriture, et cela se fait à plusieurs reprises !

Celui qui refuse d'être convaincu, en s'accrochant à ce qui l'arrange, ne saurait de toutes les façons être convaincu même par d'autres arguments. Car ni les témoignages ni les miracles n'ont changé la position des pharisiens ainsi que de la majorité des juifs sur Jésus-Christ. Alors des paroles même bibliques couplées à des arguments réfléchis peuvent ne pas être entendues. Mais heureux celui qui, ayant lu ces versets, accepte que Jésus n'a plus jamais bu de vin, « ce » fruit de la vigne.

Comment l'Epouse peut-elle se mettre à boire, tandis que l'époux jeûne ?

Conclusion : chaque fois que nous pouvons suivre le chemin tracé par Jésus-Christ, nous marchons dans les hauteurs spirituelles.

Dans la Bible, il n'est pas, une seule fois, fait mention d'un jour où les apôtres après le départ de Jésus ont bu du vin, sinon il faut qu'on nous le brandisse. Nous pouvons en conclure qu'ils avaient commencé à jeûner. C'est pourquoi, d'après ce que rapporte Ephésiens 5: 18, nous apprenons que le serviteur Timothée ne buvait que de l'eau.

Chapitre IV

LA TOLÉRANCE BIBLIQUE DU VIN NE RÉVÈLE PAS LA VÉRITÉ PROFONDE DE DIEU

Nous ne croyons pas, après méditation de la parole, que Dieu soit ami de l'alcool. Par contre, il aime l'Homme. Et comme tous ceux qui aiment, il tolère certaines choses. En effet, ne tolérez-vous pas quelques faiblesses à la personne que vous aimez, par exemple vos enfants, quand bien même vous souhaiteriez qu'il en soit autrement ? Les bonbons par exemple, vous savez que c'est mauvais pour eux, mais vous leur en achetez parfois !

Dans le récit biblique, nous avons des passages dans lesquels certains chrétiens tirent les raisons qui justifient leur faiblesse face à l'alcool. Ces versets, même s'ils sont pour certains dictés par l'Esprit de Dieu, ne signifient pas toujours ce que nous voulons bien y trouver.

Nous allons donc passer en revue tous ces passages, sans en occulter un seul, en révélant la vérité que Dieu nous a montré, à savoir sa véritable aspiration. Mais avant toute analyse, voyons d'abord, à travers une parabole, dans quel état d'esprit se trouve notre Père qui est dans les cieux sur cette question d'alcool.

Section I- LA PARABOLE DE LA SORTIE DE MINUIT

N'allez surtout pas la chercher dans les évangiles, car elle ne s'y trouve guère. C'est une démonstration qui nous a été inspiré par l'Esprit de Dieu pour mieux révéler l'état intérieur du Père.

Quel est donc cette histoire ?

« C'est l'histoire d'un père partagé entre son amour pour ses deux filles, et la nécessité de les protéger des mauvaises mœurs. Quand elles lui demandent la permission d'aller danser à minuit, il ne trouve pas la force de leur dire non, à cause du fait qu'elles aiment danser et qu'il ne veut pas leur faire de la peine. Elles sortent donc tous les soirs. Un beau jour qu'il s'inquiéta vraiment, il décida d'instaurer une loi qui fasse un compromis entre ce qu'elles aimaient faire et ce qu'il en pensait au fond de son cœur. Alors il les convoqua et leur dit ce qui suit :

Mes enfants, je vous interdis désormais d'aller danser tous les soirs. A partir d'aujourd'hui, il ne vous est autorisé qu'une sortie par semaine.

L'aînée, obéissante, répondit : *père, je respecte ta règle. Désormais, je ne sortirai plus qu'une fois par semaine*. Le père satisfait acquiesça de la tête, puis lui dit : *C'est bien ma fille.*

La cadette sourit à son tour au père puis dit : *père, je ne sortirai plus jamais à minuit*. Ce dernier sourit à son tour puis prit congés d'elles.

Maintenant la première question est la suivante : y a-t-il parmi les deux enfants une qui ait refusé de respecter la loi du père ? La réponse est non. L'aînée et la cadette ont toutes les deux accepté ce que le père a décidé.

Seconde question : quelle était la loi du père ?

La loi du père est que les enfants ne doivent désormais sortir qu'une seule fois par semaine la nuit.

Troisième question : au-delà du respect de la loi, laquelle des deux a fait la volonté du père, l'aînée ou la cadette ?

Réponse : l'aînée a respecté la loi telle que le père l'avait édictée, sans chercher à comprendre pourquoi le père avait décidé une telle interdiction, ce qu'il y avait au fond de lui, et si cette loi effaçait le risque qu'il voulait combattre. En effet, même une seule sortie de minuit reste dangereuse ! Comme elle tenait à sa sortie, elle a tout de suite signé pour la stricte obéissance à la règle.

La cadette, elle, est allée au-delà des mots de la loi, et a cherché à obéir, non seulement à ce qui était dit ou écrit, mais aussi et surtout à ce qui était dans le cœur du père. Car en suivant bien l'histoire, nous comprenons que celui-ci aurait aimé interdire purement et simplement la sortie de minuit, et que c'est simplement par amour qu'il a institué le principe de la sortie unique.

En vérité donc, c'est la cadette qui a le mieux compris les aspirations du père, même si l'aînée n'a pas désobéi.

Vous avez compris la révélation. Le père dans la parabole c'est Dieu lui-même. Par amour il tolère que dans certaines conditions ses enfants puissent boire, alors qu'il aimerait bien qu'ils ne le fassent pas.

Quand l'aînée qui ne pèche pas, car elle accepte de ne sortir qu'une seule fois par semaine, profite de la loi pour aller danser à minuit, où se trouve donc la cadette ? Elle est à la maison, auprès de qui ? Du père. Saisissez-vous ce positionnement ? Elle se trouve auprès du père, tandis que celle qui respectait la loi s'éloigne de lui, même si c'est pour un temps. Et à cet instant-là, lorsque le père aura besoin d'un enfant pour travailler dans la maison, ou pour aller servir au dehors, qui sera apte à le faire ? Bien sûr c'est celle qui est là, disponible. Et si le Père a des bénédictions à donner, qui les recevra ? Bien sûr, c'est celle qui est en sa présence. Ainsi, sans avoir péché, l'aînée est quand même loin du service !

Le chrétien qui trouve dans la Bible des justifications pour boire de l'alcool ressemble à l'aînée. Il obéit peut-être au principe, mais ne rentre pas dans la révélation des véritables aspirations de son père. La cadette, en refusant de sortir à minuit malgré la tolérance du père, symbolise le chrétien qui n'a pas tenu compte de la permission qu'énonce la règle pour ce qui est du vin, mais est allé chercher la volonté profonde.

N'est-il pas écrit que *la lettre tue, mais l'Esprit vivifie* ?

Afin de mieux asseoir cette manière de comprendre la tolérance de Dieu, rappelons-nous l'institution de la royauté en Israël telle que la Bible la rapporte. Si cela ne dépendait que de Dieu, le peuple aurait été dirigé différemment des autres nations. Mais les israélites ont demandé à avoir un roi. Par amour, Dieu le leur a accordé, et a demandé au prophète Samuel d'aller oindre Saul.

C'est moi qu'ils rejettent, et non toi, dit l'Éternel à Samuel qui officiait alors comme prophète et juge. Le fait pour les israélites de marcher contre les aspirations du Père sur ce point-là a compliqué par la suite leurs rapports avec Dieu. Mais il a bel et bien toléré la royauté, et est allé jusqu'à l'organiser. Pourtant cela n'empêcha pas la conséquence, car plusieurs rois conduisirent le peuple à la dérive.

Toujours pour mieux expliquer la tolérance que l'on peut trouver dans les textes divins sur le vin, nous pouvons parler de la fameuse loi du talion. En effet, nous sommes tous d'accord que si l'on va chercher la véritable volonté de Dieu, il est clair qu'il aurait préféré que ses enfants ne se battent pas entre eux, et qu'ils ne se fassent pas non plus justice eux-mêmes. Pourquoi alors est-il allé jusqu'à donner une loi sur les règles de la bagarre ? En effet, il a dit : *Ce sera œil pour œil et dent pour dent*. En d'autres termes, tout le monde a le droit de se venger, même si personne ne doit rendre un mal différent, c'est-à-dire au-delà de ce qu'il aura subit lors de son agression. Si on vous a percé un œil, n'allez pas décapiter celui qui vous l'a fait ; mais percez-lui à son tour un œil et c'est tout. Une sorte d'équité.

Alors entre celui des israélites qui allait à son tour percer l'œil de son agresseur, et celui qui s'en remettait directement à Dieu, lequel entrait dans les aspirations du Père, n'était-ce pas le second ? Et pourtant le premier respectait ce qui était écrit dans la loi même de Dieu !

En **conclusion**, celui qui marche dans ce qu'il croit être la tolérance de Dieu ne commet pas un pèche qui mène à la mort, mais il ne peut espérer entrer dans la véritable révélation du Père, car seuls ceux qui saisissent les aspirations et la volonté véritable entrent en sa présence. En effet, nous le redisons et allons et y revenir, il a interdit aux sacrificateurs qui avaient bu du vin de venir en sa présence, sous peine de mort !

Section II- *PRÉTEXTES TIRÉES DES TEXTES ANCIENS*

Notre méditation nous emmène dans les livres des psaumes et de l'ecclésiaste, à l'intérieur desquels nous trouvons des versets qui tendent à nous affaiblir dans notre jeûne face à l'alcool. Si la Bible dans son esprit est bel et bien la parole de Dieu, nous devons savons que tous les versets n'ont cependant pas la même valeur ou la même importance. C'est un exercice assez délicat qui n'est peut être pas permis à tous le monde de manier, mais tous doivent comprendre qu'il en est ainsi. Il en est d'ailleurs de même dans les codes et lois d'un État, où se côtoient à la fois la constitution, les traités, les lois, les décrets, les règlements, les arrêtés et les circulaires. Bien qu'un arrêté municipal soit le produit d'un élu de la république, et conforme à la constitution, faute de quoi il ne vit pas, il n'a pas la même importance qu'une loi. La constitution est la parole principale du peuple tout entier, tandis qu'un décret est le fait d'un seul homme d'État.

Dans la Bible, il y a des oracles de l'Éternel, donc des paroles directement prononcées par Dieu lui-même, le plus souvent via les prophètes ; Il y a également les commandements édictés au peuple par la même source, mais aussi une autre forme de parole qui est l'exaltation, la louange, l'adoration ou la prière d'une personne inspirée par les merveilles de Dieu. Conduits dans un esprit d'élévation, ils prononcent des mots qui réjouissent l'Éternel.

Tout ceci se retrouve dans la Bible, mais ne peut revêtir la même importance. En effet, une parole prononcée par le Christ ne peut avoir la même importance que celle que je pourrais tirer de l'Ecclésiaste.

1-EXALTATION DU PSALMISTE

Parlant de Dieu, il déclare dans **Psaume 104 : 14-15** : *Il fait germer l'herbe pour le bétail, et les plantes pour le service des humains, pour tirer le pain de la terre,* ***le vin qui réjouit le cœur de l'Homme, et fait plus que l'huile resplendir son visage***, *et le pain qui soutien le cœur de l'Homme.*

Cette parole pour ce qui est du vin est-elle vérité ?

La réponse est 'oui', c'est la vérité, mais en partie seulement. Pourquoi en partie ? Parce que le vin réjouit bel et bien le cœur de l'Homme, et c'est là que se trouve la seule vérité de ce passage en ce qui concerne le vin. Car Dieu a-t-il réellement créé le vin dans le but qu'il puisse réjouir le cœur de l'Homme et plus que l'huile resplendir son visage ? Car si nous méditons bien, nous comprenons que cet état que décrit ce verset est un état d'ivresse même légère ! En effet si le visage d'un buveur de vin commence à briller plus que ne peut le faire l'huile qui est faite pour cela, et dont les résultats sont incontestables à ce sujet, c'est qu'il y a déjà une corruption à l'intérieur de la personne. Ce verset évoque l'état de celui qui est égayé par le vin, qui sourit, rigole, plaisante ; celui dont le visage devient lumineux à cause du vin, choses que ne peuvent apporter l'huile qui est un instrument pour façade .

Lorsqu'on arrive à une telle conclusion, il est impossible de croire que ce verset est une parole qui vient de Dieu. Nous pourrons à notre tour, et ce afin d'éclairer notre explication, nous exalter et chanter ceci : « Dieu fait germer l'herbe pour le bétail, et le cannabis qui détend et fait tourner l'esprit de l'Homme ». Alors, est-il vrai que le cannabis fait tourner l'esprit de celui qui le fume ? Oui c'est la vérité. Et c'est Dieu qui l'a créé. Mais il y a une nuance : si le cannabis est effectivement une plante, donc créé par Dieu, cela ne veut pas dire qu'il l'a créée dans le but que les hommes se droguent.

Ainsi, ce n'est pas parce que le psalmiste dit que Dieu a crée le vin qui réjouit le cœur de l'Homme que cela doit sonner à nos oreilles comme une création de Dieu en connaissance de cause, à savoir pour nous égayer, voire nous souler. Ce n'est pas parce qu'il a fait pousser la vigne qu'il est impliqué dans l'utilisation que nous en faisons après. Jusqu'à preuve de contraire, c'est l'Homme lui-même, Noé dans la Bible, qui le premier a fabriqué le vin !

Contrairement donc à ce qui est écrit, Dieu n'a pas fait germer le vin, mais plutôt la vigne ; et il ne nous a jamais donné une loi pour que nous en fabriquions obligatoirement. Si un croyant veut se réjouir le cœur, je pari qu'il peut trouver autre chose. Personne ne peut donc prendre ce verset comme prétexte pour dire que puisque c'est écrit que cela vient de Dieu, il a donc le droit de faire resplendir son visage avec du vin crée par Dieu. Ce verset n'est pas la révélation d'une permission de boire, ce n'est pas un oracle de l'Éternel ou une parole du Christ, mais une exaltation, une joie exprimée par une personne qui aime son Dieu. Mais ce n'est pas parce qu'on aime Dieu que tout ce que l'on dit à son sujet est parfait.

2-LA SAGESSE DE L'ECCLÉSIASTE

Il arrive aussi que pour soutenir notre penchant pour l'alcool et rompre le jeûne auquel Christ nous invite, nous soyons amenés à nous approprier **Ecclésiaste 9 : 7** : *Va mange avec joie ton pain,* ***et bois de bon cœur ton vin*** *; car Dieu a déjà agrée tes œuvres.*

Une parole inspirée nous invite à boire notre vin de bon cœur, n'est-ce pas génial ? Il n'y a plus d'interdiction ou d'invitation à jeûner !

Pourtant, il suffit de bien lire le verset au-delà de toute passion pour comprendre que l'invitation est très restrictive. L'Esprit invite à boire avec joie uniquement celui dont les œuvres ont déjà été agréées par Dieu. Que cela peut-il bien vouloir dire ?

Premièrement, l'Esprit s'adresse à des hommes et à des femmes qui sont encore sous la loi de Moïse, laquelle loi n'interdisait pas aux israélites de boire. Cette loi aujourd'hui est entrée dans son amélioration, grâce à Christ.

Deuxièmement, celui qui, hier et aujourd'hui, n'est pas certain que ses œuvres ont déjà été agréées par Dieu, celui qui n'est pas sûr d'avoir produit du bon fruit n'est pas du tout concerné cette invitation. Qu'il ne se presse donc pas de boire en croyant qu'il est invité. Cela fait déjà moins de monde, car combien de chrétiens peuvent se vanter même intérieurement d'avoir déjà parcouru ce chemin ? Ainsi lorsque Dieu n'a pas encore agrée nos œuvres, nous ne pouvons pas boire notre vin de bon cœur, mais peut-être avec crainte, car nous usons d'une récompense pour la chair qui ne nous revient peut-être pas encore ! Car il faut en même temps se souvenir de la nécessité de fermer l'accès de l'âme aux ténèbres, des sept malédictions des prophètes, ou du jeûne institué par Jésus, pour comprendre qu'il n'y a pas dans ce verset une invitation libre de tout danger !

Troisièmement, nous pouvons voir les choses différemment : le fait de manger du pain et de boire du vin avec joie symbolise un lieu de fête. Or à travers ce passage, c'est l'Esprit de Dieu qui t'invite à entrer dans ce lieu. Cependant, pour avoir accès à la salle d'invitation, il te faut porter des vêtements de fête, faute de quoi le maître des lieux te fera sortir. C'est la parabole de Christ. Elle représente les noces de l'Agneau dans les lieux célestes, le jour où Jésus, de manière nouvelle, boira de nouveau du fruit de la vigne, car il s'agira de son mariage avec l'Église pure.

Où trouver alors ces précieux vêtements ? Les œuvres que Dieu aime, ce sont les bonnes œuvres, et la Bible dans apocalypse nous dit que les vêtements de lin que les justes seront invités à porter aux noces célestes, sont représentés par leurs bonnes œuvres. Ainsi, parce que tu auras produits des bonnes œuvres, et que les anges s'en seront servis pour te confectionner des vêtements de lin dignes de la fête, tu ne seras pas chassé de la table sur laquelle tu te seras assit. On dira à ton propos : *Mange avec joie ton pain, et bois de bon cœur ton vin.*

L'histoire de Nabal, mari d'Abigaïl, illustre un peu cette indignité à manger et à boire devant le Seigneur quand nos œuvres n'ont pas une bonne odeur. Alors que David, fuyant les soldats de Saül, était arrivé avec ses fidèles devant sa riche propriété et lui avait demandé à boire et à manger, cet homme qui se remplissait le ventre de sa nourriture et de son vin avait refusé d'accomplir une bonne œuvre. Sa sanction fut la mort, de la main de Dieu lui-même.

Mais, dira le contestataire, si Dieu invite alors le juste à boire joyeusement du vin à ce moment-là, c'est-à-dire quand ses œuvres sont agréées, il n'y a donc pas de souci avec le vin pour lui ?

De façon physique, cela signifie simplement que le vin est offert comme une récompense ponctuelle à un enfant qui a bien servi son père. Étant donné qu'il a réjouit le cœur de Dieu à travers sa vie, à son tour Dieu lui permet de se réjouir le cœur avec l'objet de sa faiblesse, à savoir le vin. En effet, lorsqu'un enfant s'est bien comporté, que ses parents sont contents de lui, ceux-ci ne lui offrent-ils pas parfois des choses qu'ils ne lui donnent pas d'habitude parce qu'elles sont mauvaises pour sa santé, les sucreries ou certaines glaces par exemple, quand ce n'est pas une permission de minuit ? Dieu fait de même. C'est un acte de tolérance et d'amour.

Sur le plan spirituel, le vin que Dieu donnera aux justes c'est le Saint-Esprit, mais dans une plénitude que nous n'avons jamais expérimenté sur terre. Ils seront remplis, ivres du Saint-Esprit, et seront en totale communion avec l'Agneau, car ce vin sera le symbole de la plénitude de l'Esprit, état dans lequel nous n'arrivons pas à entrer puis à demeurer actuellement, à cause du corps corrompu que nous portons.

Quand on boit le vin des hommes et qu'on est ivre, le corps s'affaiblit et fonctionne autrement. Ce sera différent avec l'ivresse céleste. Elle nous donnera de nouvelles dispositions, et les justes auront une dimension angélique, car leur corps fonctionnera avec une énergie nouvelle, et sera capable d'accomplir des prouesses que le corps que nous portons sur terre ne peut pas accomplir. Un exemple ? Chanter comme chantent les anges, des chants extraordinaires, comme les chantent les quatre vieillards, nuit et jour sans jamais s'arrêter. C'est pourquoi l'apôtre Paul nous invite à être remplis du Saint-Esprit, afin d'expérimenter momentanément des choses merveilleuses et d'accomplir de grandes œuvres.

Section III- *PRÉTEXTES TIRÉS DE LA VIE DE JÉSUS*

Nous allons parler du premier miracle de Jésus lors des fameuses noces de Cana, du fait avéré qu'il consommait parfois du vin, et de la Sainte Cène. Pourquoi Jésus fait-il ces choses-là ? L'alcool ne corrompait-il pas aussi son corps de la même manière qu'il corrompt le corps de tous les hommes et de toutes les femmes ayant ce même corps ?

1-L'EAU CHANGÉE EN VIN

C'est le passage le plus critiqué par les détracteurs de Jésus, et par la force des choses le plus défendu par les enfants de Dieu.

A Cana, petite localité où il était invité à un mariage, Jésus accomplit son premier miracle en public :

Jean 2 : 6-9 : *Il y avait là six jarres de pierre, destinées aux purifications des juifs et contenant chacune deux ou trois mesures. Jésus leur dit : Remplissez d'eau ces jarres. Et ils les remplirent jusqu'en haut. Puisez maintenant, leur dit-il, et portez-en à l'organisateur du repas. Et ils le lui apportèrent. L'organisateur du repas goûta l'eau changé en vin ; et il ne savait pas d'où venait ce vin, tandis que les serviteurs qui avaient puisé l'eau le savaient.*

Tous burent alors de ce bon vin et se réjouirent.

Si Jésus-Christ change l'eau en vin, permettant à un grand nombre d'en boire. Ne peux t-on pas voir là une liberté et une permission de profiter de cette liqueur en temps de fête par exemple, même pour un chrétien sanctifié ?

Premièrement, nous devons bien comprendre que ce jour-là à Cana, il n'y avait pas de chrétiens. Ce n'était pas encore le temps où le Saint-Esprit habitait dans le corps des croyants. Or précisément c'est à cause de la présence de l'Esprit de Dieu en lui que le chrétien cherchant la sainteté s'abstient de boire !

A cette époque, pour se faire entendre de Dieu, chacun s'en remettait à un sacrificateur qui lui-même n'avait pas l'Esprit en lui. Ainsi, en changeant l'eau en vin et en le remettant à l'organisateur afin que tous ceux qui voulaient boire le fassent, Jésus n'a pas été à l'encontre de ce que nous disons depuis le début. Il n'a pas fait comme Belshatsar qui avait souillé les vases du temple en y versant de l'alcool. Car aucun invité à ces noces n'était le temple du Saint-Esprit. Personne parmi ces invités-là ne pouvait donc le souiller en buvant de l'alcool. Tous ceux qui étaient sur les lieux vivaient sous la loi de Moïse, et celle-ci n'interdisait pas aux gens de boire. Mais s'il y avait, parmi les invités, des sacrificateurs ou des naziriéens, ils savaient eux-mêmes quelles interdictions leur imposait la loi à laquelle ils restaient soumis. Car ce n'est pas parce qu'il y a à boire et à manger à l'endroit où il se trouve que celui qui jeûne est obligé de manger ! De nos jours, nous avons l'Esprit de Dieu en nous, si seulement nous avons Christ. Distribuer comme ça du vin pendant un mariage chrétien devient spirituellement risqué, et ne peux en rien être comparé aux noces de Cana.

Deuxièmement, Jésus-Christ ne tombe-t-il pas sous le 'malheur' énoncé par le prophète Habacuc ?

En effet, comme nous l'avons vu, le prophète prononce un malheur pour celui qui fait boire son prochain, et qui découvre sa nudité. Or ici, Jésus fait boire un grand nombre de personnes !

La réponse sera simple et courte : le Christ est maître des temps et des circonstances, maître du Sabbat et de toutes choses. C'est la base de notre foi. Couvert par son autorité, le vin des noces de Cana ne pouvaient pas basculer sous la coupe des ténèbres, au point de causer des dégâts spirituelles ou physiques. Les évangiles signalent-ils d'ailleurs un désordre qui serait survenu ce jour-là suite à la consommation de cette eau changée en vin ?

Troisièmement, Jésus-Christ dit à propos de lui-même une chose importante que nous devons relier à cet événement de Cana : *Moi je suis le vrai cep, et mon père est le vigneron*. **Jean 15 : 1**. Quelle révélation !

Le cep est en quelque sorte l'arbre du fruit de la vigne. Et un vrai cep n'est pas un bois sec, mais un bois vert et humide. Il porte en lui de la vigne. Et c'est cette vigne-là, spirituelle, qu'il avait donné à boire. En effet, d'où était sorti ce bon vin, avait-il été ramené d'un vignoble du coin dans des fûts ? Était-il caché dans les affaires de Jésus ou de ses parents ? Non, ce vin était sorti de nul part qui puisse être mesuré ou désigné physiquement. Voilà pourquoi, en établissant le lien avec cette déclaration contenue dans l'évangile de Jean, nous concluons que ce vin était sorti du corps de Jésus le vrai cep, et le Père céleste, le vigneron spirituel, l'a extrait mystérieusement pour qu'on le serve !

Un tel vin, finalement, pouvait-il seulement souler les invités de Cana ? Certainement pas.

<u>2-LE FILS DE L'HOMME MANGE ET BOIT</u>

Est-ce une vérité biblique que de dire que Jésus-Christ buvait du vin, avant finalement de décréter lors de la Sainte Cène qu'il n'en boirait plus ? Évidement, il buvait du vin. Et nous en avons la confirmation dans **Luc 7 : 33** : *Car Jean Baptiste est venu, il ne mangeait pas de pain et ne buvait pas de vin, et vous dites : Il a un démon. Le fils de l'Homme est venu, mangeant et buvant, et vous dites : C'est un homme qui fait bonne chair, et un buveur de vin, un ami des péagers et des pécheurs.*

Jésus boit donc du vin. Seulement, si nous pensons avec les esprits simples que, puisqu'il en buvait, donc nous aussi nous pouvons l'imiter sans conséquence, nous nous élevons à un niveau qui n'est pas le notre. En effet, Jésus-Christ est « le » Fils de Dieu, Lumière engendrée dès l'éternité, ce qui n'est pas notre cas. Il a résisté pendant quarante jours et quarante nuits dans le désert face à Satan. Il fut avant qu'Abraham ne fut. Si les eaux troubles de la mer lui obéissent, un verre de vin saurait-il comment le troubler ? Par ailleurs, ce corps qui avait bu du vin, Jésus l'a fait crucifier sur la croix. Or le notre, nous le trainons partout de péché en péché, en espérons que son sang à lui le purifie par le biais de notre foi ! Il n'est vraiment pas utile de s'étendre pour expliquer que nous lui sommes tous infiniment inférieurs. Nous ne pouvons donc pas nous amuser à nous comparer à lui.

3-LA SAINTE CÈNE ET LE VIN

Juste avant d'être livré aux mains de ceux qui voulaient sa mort, une mort dont ils ignoraient évidemment la signification et la nécessité, Jésus-Christ était à table au milieu de ses disciples. Alors, *pendant qu'ils mangeaient, il prit du pain, et après avoir dit la bénédiction, il le rompit et le donna aux disciples en disant : Prenez mangez ceci est mon corps. Il prit ensuite une coupe ; et après avoir rendu grâce, il la leur donna en disant : Buvez-en tous, car ceci est mon sang, le sang de l'alliance, qui est répandu pour beaucoup, pour le pardon des péchés.* **Matthieu 26 : 26-28.**

La Sainte Cène, repas du soir autour du pain et du vin, venait d'être instituée par le Christ. En effet, il encouragera par la suite ses disciples de se souvenir ainsi de lui à l'avenir. Cette institution peut-elle alors servir de prétexte à quelques uns pour justifier leur empressement face au vin, et ceux en toute occasion ? En effet, puisque le Fils de Dieu lui-même s'est permis de servir du vin, n'est-ce pas là la preuve que nous pouvons en boire et en servir ?
- Certes, chacun peut toujours boire ce qu'il veut, et faire de sa vie ce qui lui plait. Mais la Cène est une action spéciale qui n'institue que le droit de partager une coupe de vin entre chrétiens "pour se souvenir de Christ". En effet, Paul, certainement renseigné par les disciples, rapporte à son tour que Jésus a dit ce soir-là quelque chose d'important à ce sujet. **1 Corinthiens 11: 25** : *De même, après avoir soupé, il prit la coupe et dit : cette coupe est la nouvelle alliance en mon sang ; faites ceci en mémoire de moi, toutes les fois que vous en boirez.*
L'enseignement à tirer de cette recommandation n'est-il pas claire ?

Chaque fois que vous boirez du vin, ce sera entre frères, en mémoire de cet instant, et en ayant pour fondement l'idée que le pain est son corps et le vin son sang versé pour vous. C'est ce que les chrétiens de la ville de Corinthe ont oublié, obligeant Paul à les recadrer à ce sujet.
En d'autres termes, il n'y a aucun mandat ni autorisation, pour celui qui veut écouter le Christ, à consommer de l'alcool pour faire la fête ou pour autre chose. Car quand nous buvons du vin, nous le faisons en mémoire du sang versé par Jésus-Christ, donc dans un cadre et dans une atmosphère qui ne peuvent pas revêtir un caractère festif et charnel.

Ce n'est donc pas pour nous un renoncement à l'invitation au jeûne du vin, jusqu'à l'avènement des noces célestes. Car les lois divines sont comme les lois des Hommes en ce qu'elles comportent souvent des exceptions au principe. En guise d'exemple, la même bouche qui avait dit « tu ne tueras point » avait aussi permis la lapidation dans certains cas. La cène célébrée avec du vin en ayant conscience du symbole spirituel est sous le sceau protecteur de l'agneau. Sans être une loi pour le chrétien de la célébrer avec du vin, cela ne demeure pas moins une permission.

- Personne ne peux donc s'attirer les foudres de Dieu en buvant une gorgée de vin lors de la commémoration de la Sainte Cène dans son assemblée, *car tout ce que Dieu a crée est bon, et rien ne doit être rejeté, pourvu qu'on le prenne avec action de grâce, parce que tout est sanctifié par la parole de Dieu et par la prière.* **1 Timothée 4 : 4-5.**
Tout est sanctifié par la parole de Dieu !

Chaque repas en mémoire du Seigneur est sanctifié, car c'est sa parole elle-même qui l'a institué. Ainsi pendant la Sainte Cène, le vin y est sanctifié, et ne peut pas être une source de malheur s'il est consommé, non pour le plaisir de la chair avec le désir de se souler, mais comme une chose spirituelle.

Rappelons aussi que Dieu n'a pas crée le vin, c'est l'Homme lui-même. Par contre Jésus-Christ a institué la Sainte Cène. Ainsi, ce que le fils de Dieu a crée est bon et ne doit pas être rejeté, pourvu qu'on le fasse avec action de grâce. Par ailleurs, cette parole qu'il a prononcée, à savoir, faites ceci en mémoire de moi, est une autorisation divine qui sanctifie le vin que le chrétien consomme alors. Oui, tout est sanctifié par la parole, et le vin pendant la Sainte Cène est sanctifié par cette parole du Christ.

Section IV- PRÉTEXTES TIRÉS DES ÉPÎTRES DE PAUL

Les messages que nous allons ici mettre en lumière suffisent également, à eux seuls, et malgré tout ce qui vient d'être dévoilé, à conforter certains chrétiens dans l'idée qu'ils n'y a vraiment pas de répercussions spirituelles à consommer de l'alcool, pourvu que l'on n'en n'abuse pas. Il s'agit de l'épître aux éphésiens, et de ceux écrits à Timothée et aux corinthiens.
A la lumière de la sagesse qui nous guide, nous pensons aisément que ces versets ne sont, en réalité, pas du tout permissifs vis-à-vis du vin.

<u>1-L'ÉPÎTRE AUX EPHESIENS:</u>

A l'église d'Éphèse l'apôtre Paul écrit : *Ne vous enivrez pas de vin, en quoi il y a de la dissolution, mais soyez rempli du Saint Esprit.* **Ephésiens 5 : 18.**

C'est l'un des discours les plus difficiles à combattre dans l'esprit des chrétiens "buveurs d'alcool."
Si, au moment où il écrit ou dicte cette phrase, Paul pense que la corruption se trouve uniquement dans le fait de s'enivrer, nous pouvons dire qu'il minimise le risque spirituel qui se trouve même dans un verre de vin.
Doit-on encore s'exercer à vouloir percer une sois disant véritable pensée de Paul ?
Nous parlons dans ce livre d'un jeûne face à l'alcool, un mode de vie auquel Jésus-Christ a indirectement invité les disciples et les apôtres, alors même qu'il répondait aux pharisiens qui les critiquaient : « les jours viendront où l'époux leur sera enlevé, et en ces jours-là ils jeuneront ». Or quand le Fils de Dieu institue ce jeûne, il ne nous

invite pas seulement à ne pas nous enivrer, mais aussi à ne pas boire un seul verre, car qui dit jeûne dit abstinence. Si de son côté, l'apôtre Paul vient en quelques sortes "libéraliser" la consommation de vin, en écrivant que la corruption pour le chrétien est seulement dans l'ivresse, mais pas dans une consommation correcte, il anéantirait de fait l'invitation au jeûne que Jésus nous lance. Donc, au plus profond de lui-même, il sait que même dans la petite consommation se trouve déjà la corruption.

Autre chose : personne ne peut prouver ici que Paul en demandant de ne pas s'enivrer de vin veut dire, à contrario, qu'il apprécie le fait que nous puissions en boire un peu. C'est une déduction humaine faite pour justifier nos faiblesses, mais Paul ne le dit pas.

Pourquoi alors n'interdit-il pas purement et simplement aux fidèles chrétiens d'en consommer ? La question aurait été purement et simplement tranchée !

- Comprenons que Dieu lui-même qui n'aime pas le vin, au point de menacer de mort le sacrificateur qui se présenterait devant lui, non pas seulement soul, mais aussi après en avoir simplement bu un peu, ne l'a néanmoins jamais interdit totalement au reste des israélites.

- Jésus-Christ qui parle de ce jeûne, et on croirait à l'impératif car il dit *ils jeûneront,* n'en parle en fait pas comme une loi, mais comme une chose évidente qui se fera d'elle-même, parce que les disciples en comprendront le sens, et seront en condition pour le faire.

Conclusion : Paul qui est bien au-dessous de Dieu le Père et du Seigneur, ne peut pas aller au-delà de ce qu'ils ont établi. Il est tenu de respecter cette tolérance de principe marquée par une forte rigueur dans certains cas, attitude que Dieu a souvent entretenue face au vin.

En fait, avec les buveurs, Paul est tel le mari qui, voyant que la bourse de la maison diminue, s'inquiète et dit à sa femme : « Tu ferais mieux de ne pas trop piocher dans la caisse, car je ne sais comment boucler la fin du mois ».

Qu'aimerait dire en réalité cet époux-là à sa femme ? La réponse est évidente. Il aimerait lui dire : « Ne touche pas ». Mais comme c'est sa femme, et qu'il l'aime, il le lui suggère sans le lui imposer clairement. A elle de comprendre la profondeur de la pensée de son mari, ainsi que là où il veut en venir.

Le mari change sa loi d'interdiction, c'est-à-dire ce qu'il aimerait que l'épouse fasse, en une loi de responsabilisation. Si l'épouse est incrédule, elle piochera encore dans la caisse, mais, comme le dit le mari, pas trop ; et si elle est intelligente, elle comprendra parfaitement le souhait de son homme et ne piochera plus.

Son mari la répudiera-t-il parce qu'elle prend l'argent ? Non, puisqu'il l'aime. Mais, certainement, il ne lui fera pas totalement confiance à l'avenir, et ne lui confiera pas certaines valeurs, de peur qu'elle ne soit pas capable de les gérer, car elle manque de rigueur. Les rôles sont bien évidemment interchangeables, car dans bien des cas, c'est le mari qui dilapide l'argent du foyer.

Si je suis adonné au vin, Dieu peut donc me considérer comme l'épouse incrédule, peu sûre, et ne pas me confier certaines grâces, de peur qu'au moment où il aura besoin de moi, je ne sois pas pas libre de l'emprise du vin.

Dieu peut avoir des doutes sur l'enfant qui boit de l'alcool, et hésiter à lui confier de plus grandes choses que celles qu'il lui a déjà confiées. Pas très fiable, dira-t-il.

Cette rigueur que Dieu recherche parmi ses enfants est celle des Récabites qui refusent le vin que le prophète Jérémie leur donne. Et c'est aussi ce qui plait à Dieu, car il sait qu'il peut compter sur la fidélité et la rigueur d'un Récabites, ce à tout moment. Il décrète alors qu'il y en aura toujours un auprès de lui.

Cette idée de Dieu qui permet ce qu'il n'aime pas nous le fait paraître comme un véritable Dieu d'amour, mais aussi comme un Dieu qui reconnaît l'imperfection de sa créature depuis le péché d'Adam. Avec la loi sur le divorce, il en fut de même. Mais, ignorants quant à cette attitude divine, des israélites sont perplexes devant Jésus.

Matthieu 19 : 7-8 : *Ils lui dirent, pourquoi donc Moïse a-t-il commandé de donner une lettre de divorce, et de la répudier ? Il leur Répondit : Moïse, à cause de votre dureté de cœur, vous a permis de répudier vos femmes ; mais au commencement, il n'en était pas ainsi.*

C'est la dureté de cœur des israélites, et non sa propre volonté à lui, qui a conduit Dieu à faire passer par Moïse une règle permettant le divorce. Comprenez-vous enfin cette idée de tolérance ?

L'autre révélation bien connue de ce verset de l'épître aux éphésiens est la vérité spirituelle suivante : celui qui se rempli de vin se prive du Saint Esprit. En effet, nul ne peut être à la fois rempli et du Saint Esprit et de vin en même temps. C'est pourquoi il dit ne vous enivrez pas de vin, c'est-à-dire n'en soyez pas remplis, mais soyez-le du Saint-Esprit. Paul confirme ce que le culte ancien proclamait déjà : l'impossible cohabitation entre Dieu et le vin. Ainsi, chaque fois qu'un chrétien consomme une boisson forte, il réduit la part de divinité qui est en lui. L'action du Saint-Esprit diminue au fur et à mesure que nous buvons. Et dès que nous sommes pleins de vin, la connexion avec la lumière spirituelle est interrompue. C'est pourquoi Noé, Lot et les autres se sont perdus, abandonnés par la raison.

Que se passe-t-il quand cette connexion est interrompue ?

Une autre ivresse, celle cachée dans le vin prend le relais. De la même manière que nous pouvons agir sous l'effet du Saint-Esprit parfois sans contrôler les événements dont nous sommes acteurs, l'Esprit des ténèbres s'empare de celui qui a atteint un certain seuil de sollicitude, et lui fait faire et dire des choses qu'il n'aurait ni faites ni dites.

J'avais quinze ans et pour faire comme tout le monde, je consommais un peu de bière au cours de ce que nous appelions des boums. Un soir de fête au domicile d'un officier de l'armée congolaise, pendant qu'au milieu de la foule je dansais, un ami est venu me murmurer à l'oreille qu'il y avait là une fille qui avait envie de faire connaissance avec moi. Je levai alors les yeux et tombai sur elle. Mais elle ne me fit aucun effet. Accompagné d'un geste méprisant et très expressif, je leur fis savoir, et à elle et à celui qu'elle avait envoyé me parler, que je ne la trouvais pas jolie !

Aujourd'hui encore, après toutes ces années, je revois l'expression de son visage, et je suis toujours choqué par ma réaction. Quand bien même j'étais conscient de la méchanceté de mon attitude, quelque chose me mettais au-dessus de cela et me poussais à mal agir. Il y avait comme deux personnes : l'une qui était spectatrice et mise de côté, et une autre qui pouvait faire des choses blessantes sous l'effet de l'alcool.

Je suis sûr qu'elle n'a jamais, elle non plus, oublié cet épisode, car il y a des 'petits' souvenirs de jeunesse, les bons comme les affreux, que l'on garde au coin de son cerveau. J'aimerais lui dire qu'elle n'a rien raté, car à l'époque je n'en valais pas la peine.

Je n'étais pas saoul, mais la bière m'avait quand même déjà corrompu l'esprit.

J'ai vu beaucoup de personnes remplies de vin, souls, et parler un langage inaudible. A leur réveil ils ne se souviennent de rien. C'est l'action de l'esprit malsain qui imite, comme il le fait toujours, l'Esprit Saint.

2-LES ÉPÎTRES A TIMOTHÉE ET A TITE

- Dans sa première épitre à Timothée, serviteur de Jésus-Christ, l'apôtre Paul écrit : *De même il faut que les serviteurs soient graves, non doubles en paroles, non adonnés à beaucoup de vin, non avide d'un gain honteux*. **1 Timothée 3 : 8.**

Avec l'épître aux éphésiens nous avions un verset difficile à combattre, et là nous en avons un de plus difficile encore !

Ce que nous devons cependant saisir ici ce n'est pas ce que nous croyons à première vue. Ce verset ne décrit pas, en ce qui concerne le vin, un profil et un comportement définitifs du serviteur de Dieu par excellence. Pourquoi le pensons-nous ?

Nous devons essayer, sans manipulation, de remettre ce verset dans son contexte temporel. Car si on ne comprend pas l'époque d'une loi, on ne comprend jamais pourquoi les législateurs l'on écrite à ce moment-là. Paul et Timothée sont dans une phase d'établissement d'églises de maisons, et ils sont à la recherche d'hommes capables de remplir les fonctions d'anciens. Ils ne sont pas, il faut bien le comprendre, à la recherche de serviteurs chevronnés, élevés, comme ceux que Paul qualifie de vases d'usage noble. Ces anciens doivent commencer l'œuvre de Dieu. Ce ne sont pas encore des princes, ceux à qui Proverbe 31 : 4, déjà étudié, recommande de ne pas rechercher les boissons fortes. Donc ces serviteurs ne sont pas déjà des apôtres, des prophètes, des pasteurs, des docteurs ou des évangélistes expérimentés. On doit donc leur concéder quelques faiblesses en attendant qu'ils grandissent. Par ailleurs, nous sommes en Grèce antique, un pays qui dans sa mythologie possédait, paraît-il même, un dieu du vin appelé Dionysos. Le fait de recruter des anciens *non adonnés à beaucoup de vin* n'est pas une fin en soi, loin de là. Cela donne l'espoir qu'ils pourront, une fois exercés à la piété, s'en débarrasser plus facilement. En effet, ce qu'il faut comprendre, c'est que le ministère nécessite une sanctification, c'est-à-dire une mise à part, mais que celle-ci est souvent progressive. Elle grandit au fur et à mesure que le ministre de Dieu évolue. Cela lui a paru donc bon, à Paul, de ne pas agir à la manière d'une loi, en imposant, dès le départ, une opposition au vin à des anciens qui ne s'étaient pas encore spirituellement élevés.

Cette vision des choses est renforcée par la manière même dont les anciens de ces églises sont recrutés. Le but n'était vraiment pas de rechercher des hommes déjà remplis du Saint-Esprit, mais tout d'abord des personnes exemplaires, comme il l'écrivit aussi au serviteur Tite : *s'il s'y trouve quelque homme irréprochable, mari d'une seule femme, ayant des enfants fidèles, qui ne soit ni accusés de débauche ni indisciplinés.* **Tite 1 : 6.**

Le mot *irréprochable* dans ce verset ne signifie évidemment pas que ces hommes devaient être sans péchés, sans failles et totalement encrés dans la parole de Dieu. Car de tels hommes n'existent pas sur terre, puisque Dieu seul est parfait.

Nous voyons donc très bien qu'il ne s'agit pas encore de trouver des hommes spirituellement très élevés, mais d'abord des personnes ayant un bon fond naturel, dans le but qu'ils progressent plus facilement que ceux qui seraient déjà compromis dans trop d'imperfections. Ainsi à ces gens-là, Paul ne pouvait pas d'emblée leur imposer l'abstinence au vin. C'est de cette manière que l'Esprit nous donne de comprendre ces épîtres. Il y en a bien sûr d'autres, mais celle-ci est la nôtre.

Pour ce qui est de la sanctification dans ce cadre précis, prenons l'exemple du rapport de l'être humain au sexe :

Apocalypse 14 : 3-4 écrit à propos des cent quarante quatre mille rachetés de l'Agneau que *Ce sont ceux qui ne se sont pas souillés avec les femmes, car ils sont vierges...*

Que dit l'Esprit ?

Le simple fait pour un homme d'avoir couché avec une femme, même dans le cadre du mariage, institution pourtant voulue par Dieu, le dépouille quand même de sa virginité spirituelle. Et s'il n'est plus vierge, l'Esprit de Dieu dit dans ce verset qu'il s'est souillé. Dieu permet pourtant les rapports sexuels dans le mariage, mais ces rapports présentés devant sa sainteté sont néanmoins recouverts d'une forme de souillure.

Ainsi en est-il avec le vin, comprenez-vous ? Ce n'est pas parce que Paul dit que l'ancien peut boire un peu de vin que cela signifie qu'il ne s'affaiblit pas du tout avec.

Le verbe "s'adonner" peut être défini comme le fait de se livrer à une activité de façon constante. Donc ici Paul demande à Timothée que les serviteurs ne soient pas comptés parmi ceux qui boivent du vin de manière régulière, même s'il ne se soulent pas. Parce qu'il sera plus difficile pour eux de parvenir au niveau d'abstinence et de sainteté qu'ils sont appelés à atteindre un jour.

Si l'on pense, à contrario, que Paul explique ici comment doivent vivre les serviteurs qui sont en activité, cela revient à dire qu'il leur permet de boire du vin, mais sans en abuser. Et ce n'est pas cette compréhension qui est la nôtre.

Aujourd'hui en France la sécurité routière fixe le seuil de tolérance pour un conducteur à 0,30 gramme d'alcool par litre de sang, parce qu'à partir de cette dose, le cerveau est déjà corrompu. Mais il y a des personnes qui, avec le quadruple de cette dose dans le sang, parviennent à conduire correctement. La loi les pardonne-t-ils parce qu'ils sont forts ? Non.

Dieu est semblable à un alcootest. Il vous contrôle positif alors même que vous paraissez en forme.

Paul conduit par l'Esprit de Dieu, ne peut donc pas prendre le risque de permettre aux anciens de s'adonner au vin, donc de boire souvent, à condition que ce ne soit pas beaucoup ! Car comment pourrait-il délimiter ensuite les quantités que chacun devra boire pour dire stop à l'un, et vas-y encore un peu à l'autre ? A combien de verres dira-t-on à l'un qu'il s'adonne à beaucoup de vin, et à un autre qu'il peut encore continuer parce qu'il est particulièrement résistant ? Il ouvrirait comme on dit la boite de pandore, et celui qui sera soul puis commettra un crime pourra très bien dire : « c'est la faute à Paul, car il m'a permis de boire, mais la quantité que je croyais normale pour moi m'a soûlé, voilà pourquoi j'ai perdu mes moyens ». Et pénalement parlant, Paul pourrait être poursuivi comme *complice par instigation* C'est-à-dire qu'il a encouragé cet homme à boire. Vous voyez que c'est difficile et risqué d'affirmer que le Saint-Esprit s'est laissé aller dans cette facilité.

En conclusion, nous disons donc que l'apôtre Paul ne décrit pas la façon dont nous devons marcher face à l'alcool, faute de quoi il serait dans l'erreur, mais les critères de recrutement des serviteurs, à un moment donné de l'histoire, dans l'espoir que, par la suite, Dieu fasse d'eux des vases plus nobles, purifiés, utiles à toute bonne œuvre. Et si malgré tout, quelqu'un pense encore que ce verset est une ferme permission de boire, c'est sa liberté.

- Toujours à Timothée, l'apôtre Paul recommande de faire usage d'un peu de vin pour soulager ses problèmes de santé. En effet, dans la première lettre qu'il lui adresse, il lui écrit ce qui suit : *Ne continue pas à ne boire que de l'eau ; fais usage d'un peu de vin à cause de ton estomac et de tes fréquentes indispositions*. **1 Timothée 5 : 23**.

Au prime abord, si Paul se permet de demander à Timothée de faire usage d'un peu de vin, c'est parce que ses motivations, à savoir la recherche d'une certaine guérison, ne sont pas du tout motivées par le désir de donner à Timothée des passions charnelles. En effet, se serait-il seulement permis de lui dire par exemple "quand tu manges, cher Timothée, fais usage d'un peu de vin à table car c'est très bon" ? Jamais.

Secundo, nous découvrons ici que Timothée, homme de Dieu, compagnons de Paul, ne buvait que de l'eau. Il ne consommait aucune boisson forte. Était-ce un choix personnel ? Oui, certainement. Mais un choix qui rappelle l'abstinence d'un disciple de Jésus-Christ.

Enfin, Timothée ne reçoit pas de Paul un commandement ou une révélation du Saint-Esprit. Il reste donc libre de le faire ou pas. Nous sommes là à une époque où le vin est un remède médical contre les maux dont souffre Timothée. Certainement, pour avoir longtemps fréquenté Luc le médecin, Paul a appris quelques astuces pour apaiser certains inconforts.
A cette époque donc la pharmacologie n'est pas encore très développée. Alors les qualités médicinales du vin intéressent forcément médecins et autres guérisseurs. Mais de nos jours, avons-nous vraiment besoin de vin pour soulager nos estomacs ainsi que nos fréquentes indispositions ?

Le vin est riche en antioxydants comme les flavonoïdes, le tanin, mais aussi en oligomères procyanolidiques. Ces principes actifs sont bons pour le système cardiovasculaire, donc pour le cœur. Seulement le vin a un très grand problème : la présence d'alcool, très nocif pour la santé.
Les polyphénols présents dans le vin le sont également dans le chocolat, et surtout dans les fruits comme le raisin évidemment. Pourquoi ne pas consommer directement des fruits et éviter l'alcool ?
Assurément, le vin facilite la digestion. Pour Timothée cela pouvait l'aider. Si vous vous retrouvez dans un endroit où vous n'avez pas d'autres remèdes que le vin pour vous soulager, buvez en donc un peu. Seulement sachez qu'un seul verre de vin ne peut pas remplir ses fonctions de remède dans la durée. Il faut en consommer souvent. Mais là vous aurez affaire à l'alcool qu'il contient et à ses méfaits sur une santé que vous voulez améliorer.

Il y a d'autres comportements et aliments dont notre ami le médecin Luc n'avait pas connaissance. Il suffit, de nos jours, de cliquer sur internet pour s'en informer. Alors non, ce verset biblique ne peut plus, sauf situation exceptionnelle, toujours justifier la consommation du chrétien malade.

<ins>3-L'ÉPÎTRE AUX CORINTHIENS</ins>

Depuis le temps où Christ l'a instituée, et jusqu'à très récemment, la Sainte Cène était célébrée dans les assemblées chrétiennes de tout bord avec du vin. Un passage de la première épître aux corinthiens nous confirme que le repas du Seigneur était partagé comme un repas normal, et qu'il y avait du vin au menu : *Donc lorsque vous vous réunissez, ce n'est pas pour manger le repas du Seigneur ; car, quand on se met à table chacun commence par prendre son propre repas, et l'un a faim, et l'autre est ivre.* **1 Corinthiens 11 : 20- 21.**
Et l'autre est ivre !

Des chrétiens souls pendant la célébration du repas du Seigneur ! Encore un désordre semé par les ténèbres. Bien que cette commémoration soit sanctifiée par la parole de Jésus, celui qui, délibérément, se soule en méprisant l'importance spirituelle de ce moment, sa chair se corrompra. Et il s'attire un jugement contre lui.

La vérité de ces choses, qui n'est pas le fruit de notre imagination, a été révélée dans l'épître aux corinthiens :

1 Corinthiens 11 : 29 : *Car celui qui mange et boit sans discerner le corps du Seigneur, mange et boit un jugement contre lui-même.*

L'Éternel sera-t-il toujours clément avec une telle attitude ? Laissera-t-il toujours impuni celui qui attriste et bafoue le Saint-Esprit ?

Il semble bien que non, puisqu'il nous est révélé dans le verset suivant la possible sanction contre ceux qui, parmi les chrétiens, boivent du vin sans discerner le sang du Christ : *C'est pour cela qu'il y a parmi vous beaucoup de malades et d'infirmes, et qu'un assez grand nombre sont décédés.* **Verset 30**.

A cause de cette présence du vin dans la Sainte Cène biblique, certains parmi nous en ont alors tiré la conclusion que pour être fidèle à ce que Jésus a institué, la Cène doit obligatoirement être pratiquée avec du vin. D'autres qui voient leur pasteur la pratiquer avec du jus de raisin ne sont pas convaincus d'être dans la vérité !

Cette façon de voir est un peu superficielle et manque de profondeur. En effet, quand Jésus-Christ prend la coupe de vin et la sert à ses disciples, il n'est pas focalisé sur le fait que ce soit du vin, boisson alcoolisée. Ce n'est qu'une image. Ainsi la focalisation sur le vin, qui n'est que le résultat du jus de raisin fermenté, n'est pas justifiée. Et le désordre causé par l'alcool dans l'église de Corinthe où certains étaient souls peut légitimement nous ramener à la source qui est le raisin, sans que cela ne nous soit reproché par le Seigneur.

La boisson la plus proche de ce fruit c'est donc le jus de raisin. A l'époque, les Hommes ne maîtrisent pas la pasteurisation. Fabriquaient-ils du jus de raisin en quantité, alors qu'ils ne savaient pas comment le conserver sans qu'il ne se fermente ou ne s'abîme ?

Quand au dix neuvième siècle un chrétien méthodiste anglais, Thomas Bramwell Gallois, découvre une méthode de pasteuriser le jus de raisin, donc d'arrêter le processus de fermentation qui l'alcoolise, il demande aux chrétiens méthodistes, en mille huit cent soixante neuf, d'utiliser ce vin sans alcool pour la Sainte Cène. Il faut dire que bien des années avant cet événement, ces chrétiens avaient déjà commencé à célébrer le repas du Seigneur avec du jus de raisin non fermenté. Aussitôt pressé, il était rapidement consommé afin d'éviter qu'il ne se fermente et ne s'alcoolise, car il ne se conserve que quelques jours. Et il faut avoir un réfrigérateur !

Si au temps du Christ la pasteurisation était maîtrisée, s'il y avait donc moyen de pasteuriser le jus de raisin, puis de le conserver longtemps, peut-être que ce soir-là, Jésus l'aurait utilisé. On n'en sait rien.

Tout ceci pour dire que le jus de raisin n'est pas incompatible avec la Sainte Cène, d'autant plus que c'est un *fruit de la vigne*. Compte tenu des méfaits du vin et de la réticence divine vis-à-vis de cette boisson, le Seigneur sera-t-il irrité contre tous ceux qui préfèreront le jus de raisin au vin alcoolisé ? Bien sûr que non !

Le vin rouge pour commémorer la Sainte Cène est donc une question de choix religieux, et non un fondement biblique inviolable. Si l'on se focalise sur ce genre de choses, on pourrait ne jamais s'en sortir. En effet, puisqu'il faut commémorer la Sainte Cène avec du vin parce que Jésus l'a fait avec du vin, alors il faudra être cohérent jusqu'au bout : le mot cène, comme nous l'avons déjà partagé, vient du latin *céna* qui signifie repas du soir. Ainsi, même en ayant son verre de vin à la main, si je la célèbre le matin, à midi ou dans l'après-midi, ce n'est plus la Sainte Cène, puisque celle de Jésus a eu lieu le soir !

Chapitre V

L'ESPRIT DE DIEU NE COHABITE PAS AVEC LE VIN

Cette affirmation nous vient directement de la Bible. D'ailleurs, nous l'avons déjà quelque peu évoqué quand nous parlions de Paul nous demandant d'être remplis du Saint-Esprit et non de vin.

Section I- *LES FERMES INTERDICTIONS DE BOIRE DU VIN*

A travers plusieurs versets et histoires bibliques, nous allons voir comment l'Éternel a limité, et parfois annulé le droit de certaines personnes à consommer des boissons alcoolisées.

1-UNE LOI POUR TOUS LES SACRIFICATEURS

Dans l'ancien testament, Dieu a ordonné à Aaron et à ses fils, sacrificateurs d'Israël, de s'abstenir de boire du vin avant de venir à sa rencontre. Cela nous est rapporté en **Lévitique 10 : 9-11** : *Tu ne boiras ni vin ni liqueur, toi et tes fils avec toi lorsque vous entrerez dans la tente de la rencontre ; ainsi vous ne mourrez pas ; ce sera une prescription perpétuelle pour vos descendants, afin que vous puissiez distinguer ce qui est saint et ce qui est profane, ce qui est impur et ce qui est pur ; et enseigner aux israélites toutes les prescriptions que l'Éternel leur a donné par l'intermédiaire de Moïse.*

Ce qui est sacré doit être distingué de ce qui est profane ! Au-delà de la lettre, l'esprit de cette loi est perpétuel, et aucun chrétien ne peut dire aujourd'hui qu'il a le droit de mélanger ce qui est sacré avec ce qui est profane, surtout si ce qui est profane pose problème à ce qui est sacré. Or l'alcool, chose profane, pose problème au temple du Saint-Esprit qui est le corps du chrétien consacré. La boisson alcoolisée introduit une corruption dans l'esprit de celui qui en consomme. Et le Saint-Esprit ressent cette présence comme une intrusion bien négative.

Cette corruption de l'esprit par le vin, nous l'avons vu avec Loth, Noé, voire avec le prince Amnon, fils de David. Mais pourquoi Dieu va-t-il jusqu'à promettre de faire mourir un sacrificateur parce qu'il aura bu, même un peu de vin avant de se présenter devant sa face ?
Cette interdiction peut être aisément reliée avec l'abomination du roi Belshatsar. Car ce qui est consacré à L'Éternel, comme les coupes du temple, ne peut être en contact avec les boissons alcoolisées. Le corps, ce temple que le sacrificateur consacre à Dieu est sacré, comme les vases d'or destinés à son service.
Si donc le sacrificateur ancien,, qui n'avait même pas le Saint-Esprit en lui, était interdit d'alcool, combien à plus forte raison celui qui a en lui cet Esprit doit faire attention !
Paul qui était un éminent connaisseur de la loi savait parfaitement toutes ces choses. Voilà pourquoi il n'est pas sage de lui attribuer l'idée que le serviteur chrétien peut boire son vin tranquillement, tant qu'il ne se soule pas. Lui qui recherchait la

perfection spirituelle ne buvait certainement pas d'alcool. C'est sans doute lui-même qui a initié Timothée, son enfant dans la foi, à ce jeûne !

2-L'ANGE GABRIEL A LA FEMME DE MANOACH

L'ange messager apparaît une jour à la femme de Manoach qui était stérile, avec une bonne nouvelle à lui annoncer : *Maintenant, prend bien garde, ne bois ni vin ni liqueur forte, et ne mange rien d'impur. Car tu vas devenir enceinte, et tu enfanteras un fils. Le rasoir ne passera point sur sa tête, parce que cet enfant sera consacré à Dieu dès le ventre de sa mère.* **Juges 13 : 4-5.**

Cet enfant est devenu juge en Israël, et il a exercé son ministère pendant vingt ans. Son nom est Samson. Doté d'une force divine, il protégea son peuple de tous ses ennemis, notamment des philistins. La Bible nous rapporte qu'un jour il tua mille hommes avec une mâchoire d'âne à la main !

Samson était nazaréen par la volonté de l'Éternel lui-même. L'ayant prédestiné et doté d'une force surnaturelle, ne pouvait-il pas aussi le préserver des inconvénients naturels et spirituels du vin, au lieu de lui interdire de boire ?

Dans la loi de Moïse, un nazaréen était une personne qui décidait de se séparer des autres pour être consacrée à l'Éternel pendant une période déterminée. C'est ce que nous rapporte **Nombre 6 : 1-3**. Parmi les abstinences qu'il devait respecter, il y avait donc l'interdiction de boire du vin. Mais tandis que les nazaréens du fait de la loi, c'est-à-dire ceux qui le devenaient de par leur propre volonté, devaient jeûner un temps, Samson vécu sans boire du vin durant toute sa vie.

Pourquoi le nazaréen de la loi, pendant le temps qu'il était consacré à Dieu, devait-il s'abstenir de boire du vin ? La réponse se trouve clairement dans le titre de ce cinquième chapitre : l'Esprit de Dieu ne cohabite pas aisément avec celui qui a bu.

Le chrétien, serviteur d'aujourd'hui, consacré à l'Éternel, doit-il se croire plus libre vis-à-vis de ce principe simplement parce que Christ est mort sur la croix pour lui ? Nous pensons que la réponse est non. Il est, au contraire, plus contraint à la sanctification que les serviteurs de l'ordre ancien.

3-L'ANGE GABRIEL A LA FEMME DE ZACHARIE

Au sujet de sa femme Élisabeth, elle aussi sans enfant, l'ange Gabriel vint apporter également la bonne nouvelle, celle de l'enfantement, dans le temple. Là encore, le messager de l'Éternel précisa la même interdiction : *Car il sera grand devant le Seigneur, il ne boira ni vin ni liqueur enivrante, et il sera rempli du Saint Esprit dès le sein de sa mère.* **Luc 1 : 15.**

L'enfant qui naîtra par la suite s'appellera Jean-Baptiste, celui-là même qui prépara le chemin du Seigneur Jésus-Christ. Et il était réellement rempli du Saint-Esprit !

Si l'alcool n'a pas d'incidence spirituelle négative, pourquoi l'ange Gabriel, à plusieurs siècles d'intervalle, vient-il avertir ces deux femmes contre le vin et les liqueurs fortes alors qu'elles vont mettre au monde des enfants consacrés ?

La réponse est la même : l'Esprit de Dieu ne cohabite pas avec un esprit d'Homme corrompu par l'alcool. Il ne boira pas, dit le messager, et il sera rempli du Saint Esprit. A contrario on dirait " il boira du vin, et ne sera pas rempli du Saint Esprit ".

Nous pouvons également comprendre que l'ange ne dit pas quelque chose du genre " il boira un peu de vin et autres boissons fortes, et il sera quand même rempli du Saint-Esprit ".

Dans la Bible, l'ange Gabriel vient une troisième fois, et là c'est pour annoncer la venue du Christ. Curieusement, il n'interdit point à Marie de boire. Est-ce parce qu'elle ne buvait pas ? Possible. Mais n'est-ce pas simplement parce que, comme nous l'avons déjà dit, le vin ne peut avoir de l'effet sur le Christ, Fils de Dieu, celui par qui d'après Jean la création fut ?

Section II- LES INTERDICTIONS SUBTILES DE BOIRE

C'est ici l'occasion de revenir sur ce qui paraît comme une permission implicite ou une tolérance dans les épîtres de Paul. Ce sera pour nous l'occasion de montrer le lien qui existe entre ces messages et la loi de Moïse.

<u>1-LE SAINT-ESPRIT OU LE VIN</u>

Dans sa lettre aux éphésiens, l'apôtre fait une recommandation que nous avons déjà visitée : *Ne vous enivrez pas de vin, en quoi il y a de la dissolution. Mais soyez rempli du Saint-Esprit.* **Ephésiens 5 : 18**.

Ici le message nous est présenté comme une sorte de balance. En effet, le fait d'être enivré de vin est présenté comme le contraire du fait d'être rempli du Saint-Esprit. L'état d'ivresse est donc pris comme une mesure. C'est d'ailleurs, si nous suivons bien, ce que l'ange de Dieu vient dire à la mère de Samson et à celle de Jean-Baptiste.

Puisque celui qui boit jusqu'à devenir ivre est vidé du Saint-Esprit, ne vous enivrez donc pas afin de ne pas être vidé de l'Esprit de Dieu. Voilà ce que nous enseigne l'apôtre. Il nous invite, si nous le voulons bien, à faire « le plein de l'Esprit ». Ainsi, ce passage n'est pas, comme certains le pensent, uniquement destiné à enseigner ceux qui se soulent. Celui qui boit un peu d'alcool se prive aussi du Saint-Esprit, mais dans des proportions moindres que celui qui s'enivre. Or que cherche l'enfant de Dieu, si ce n'est être rempli de l'Esprit de Dieu !

Avec un verre de vin, je suis moins disposé à manifester les merveilles du Saint-Esprit qu'avec zéro verre de vin. Et si je suis plein de vin en moi, j'attriste le Saint-Esprit, et réduit, voire annule son rayonnement à travers ma personne.

C'est donc avec raison que nous pouvons nous étonner de ce que ce verset soit utilisé pour justifier une consommation modérée d'alcool, alors qu'en le méditant on comprend bien qu'il y a danger dès le début de la consommation, puisque l'Esprit réduit son rayonnement au fil des verres que l'on boit.

Cela ne veut surtout pas dire que l'Esprit est faible, et qu'il ne peut contenir les méfaits de l'alcool. Non. Il demeure puissant, mais attristé. Or plus il est triste, moins il est disposé à s'exprimer.

Ne pas consommer d'alcool est donc une façon pour le chrétien de mieux se disposer à l'action de Dieu à travers sa personne, et ce à tout moment.

Ce verset n'interdit certes pas clairement de boire du vin, mais il le suggère en révélant l'impact négatif sur l'action du Saint-Esprit en nous.

Beaucoup de vin dans le corps c'est moins de Saint-Esprit. Un peu de vin égale un peu de Saint-Esprit.

Nous sommes, en tant que chrétiens sanctifiés, le temple spirituel de Dieu. Ce n'est donc pas de manière physique que le Saint-Esprit occupe notre corps. Comment alors l'apôtre Paul peut-il nous demander de ne pas remplir cet espace invisible par du vin, alors que ce vin est une chose physique qui occupe notre estomac, notre foi ou nos intestins ? La réponse est que, à cause de l'alcool, le vin ou le whisky corrompent non seulement le corps physique, mais arrive aussi à troubler notre esprit. En effet, il arrive à modifier, à notre insu, la perception que nous avons de tout ce qui nous entoure. Cette fragilité, ce déséquilibre, ne permet plus au Saint-Esprit de se connecter de façon saine à notre esprit, et même à notre intelligence pour lui communiquer quoique ce soit. Car la personne peut dire *rouge*, alors que l'Esprit lui dit *rose*, ou entendre *peut-être*, alors qu'on lui dit *non*. Et plus cette corruption de l'alcool est grande, moins l'alliance avec le Saint-Esprit est possible.

2-N'ATTRISTEZ PAS LE SAINT-ESPRIT

Nous avons cet avertissement qui, dans **Ephésiens 4: 29** déclare : *n'attristez pas le Saint-Esprit de Dieu, par lequel vous avez été scellés pour le jour de la rédemption.*

Le Saint-Esprit en nous est attristé par plusieurs choses, et l'alcool en fait partie. Pourquoi ? Parce que le corps du chrétien qui est sensé être son temple est occupé soit en partie, soit totalement par quelque chose d'autre. C'est comme si vous étiez propriétaire d'une grande maison de cinq cent mètres carrés, et qu'un étranger venait vous dire : « je vais m'emparer de dix mètres carrés et je vous en laisserai quatre cent quatre vingt dix, c'est encore beaucoup, non »? Seriez-vous content parce qu'il vous reste encore de l'espace ? Bien sûr que non, vous serez soit révoltés soit attristé.

Il en est de même du Saint-Esprit, car même quand nous buvons un peu d'alcool, nous réduisons son champ d'action. Voilà pourquoi l'Éternel Dieu sanctionnait de mort le sacrificateur qui avait bu, même un peu, lorsqu'il venait se présenter devant lui dans la tente d'assignation, ou encore lorsqu'il enseignait la loi de Dieu.

3-NE DÉTRUISEZ PAS LE TEMPLE DE DIEU

Même celui qui boit beaucoup d'alcool, et qui ne s'enivre pas, tombe néanmoins sous le jugement de Dieu, car il s'amuse à détruire son temple : *Si quelqu'un détruit le temple de Dieu, Dieu aussi le détruira ; car le temple de Dieu est saint, et c'est ce que vous êtes.* **1 Corinthiens 3 : 17.**

N'oublions pas également l'avertissement répertorié dans Esaïe 5, et mentionné au chapitre 2 de notre étude : *Malheur à ceux qui sont des héros pour boire du vin...* En effet, la menace de leur destruction est le malheur qui plane sur eux.

Soulignons à ce sujet un argument assez étrange relevé un jour par un chrétien amateur d'alcool : « vous savez, même le soda aussi est mauvais pour la santé » !

Ce qu'il avait oublié c'est que le soda ne corrompt pas l'esprit comme le fait l'alcool, et qu'il est rare de causer un accident mortel, de tuer sa femme et ses enfants, ou de violer une personne sous l'effet du jus d'orange ou d'un coca cola. Mais ceux qui veulent s'adonner à cette passion trouverons toujours des raisons pour justifier leurs faiblesses. Aidons-les dans la prière.

4-L'ÉVÊQUE CHRÉTIEN SEMBLABLE AU SACRIFICATEUR ?

Lorsque l'apôtre Paul révèle dans 1 Timothée 3 : 8 qu'il ne faut pas que celui qui dirige une assemblée soit adonné à beaucoup de vin, il est celui qui a pris en compte cette vérité spirituelle mentionnée dans Lévitique 10 : 9-11. En effet il part du principe que l'évêque, donc le sacrificateur ou l'ancien, n'est pas appelé à entrer en présence de Dieu de la même manière que le simple croyant. Il demeure un canal pour la conduite d'un grand nombre. Dieu dépose en lui ses oracles, ses dons et ses grâces afin que d'autres en tirent profit. En s'alcoolisant, même s'il ne se soule pas, il réduit l'impact du Saint-Esprit, donc l'action de Dieu dans la vie de ceux qu'il a conduit auprès de lui. Le résultat c'est moins piété, moins de guérisons par la main de Dieu, moins de profondeur dans l'enseignement au moment où il est sous alcool. Et qu'on se le dise, si la peine de mort instantanée dont était frappée le sacrificateur ancien ne semble pas être aussi pour l'évêque, grâce au sacrifice de Christ, il sera néanmoins responsable devant Dieu de la guérison qui n'a pas eut lieu, de la prière que Dieu n'a pas pu écouter, car prononcée par une langue qui a bu, ou de la révélation qui n'est pas sortie par cette même bouche souillée, et qui n'aura pas permis de sauver une vie.

C'est donc une façon de gâcher les talents et de ne pas les utiliser efficacement au moment opportun.

Le malin rode et veille. C'est peut-être à cet instant-là qu'il profitera pour frapper la personne qui est à côté de vous, sachant que vous avez bu, et que Dieu ne pourra pas pleinement se manifester par vous pour délivrer la victime !

Souvenez-vous ce qui est écrit dans **2 Timothée 2 : 20-21** : *Si quelqu'un se purifie, il sera d'un usage noble, utile à son maître, bon pour toute bonne œuvre.*

Comment serez-vous alors qualifié par votre maître, celui qui vous a donné des dons et des talents, si vous n'êtes pas apte à l'heure où il besoin de toi ?

Vous serez ce serviteur qui n'a ni utilisé ni fait fructifier le talent que son maître lui avait confié, exactement comme dans la parabole des talents de Jésus-Christ. Or de ce mauvais serviteur il est écrit : *Et le serviteur inutile, jetez-le dans les ténèbres du dehors, où il y aura des pleurs et des grincements de dents.* **Matthieu 25 : 30.**

Au final, vous risquez donc la même sanction que le sacrificateur ancien, à savoir la mort !

Un serviteur de Dieu doit toujours être apte, qualifié pour entrer dans "sa chambre" et parler à son Père, pour intercéder, pour délivrer, pour enseigner. Une urgence peut l'amener à prier cinq minutes après qu'il ait bu du vin. Mais les scientifiques nous disent que l'alcool reste quelques heures dans le sang avant de se dissiper. C'est autant d'heures pendant lesquelles s'il a bu, il ne doit en principe pas s'amuser à aller au devant de Dieu.

Dans le même esprit que lorsqu'il parlait à Moïse au sujet d'Aaron et de ses fils, Dieu dit au prophète Ézéchiel : *Aucun sacrificateur ne boira de vin lorsqu'il entrera dans le parvis intérieur...Ézéchiel* **44 : 21**. Mais pour nous chrétiens, ce parvis est spirituel, et se trouve déjà à l'intérieur de nous. Nous l'emmenons partout où nous allons. Il nous suffit de fermer les yeux et de dire « Seigneur » pour entrer, comme le dit Jésus lui-même, dans *notre chambre.*

Dans ces conditions, peut-on croire que la gestion de la relation avec Dieu par la prière est plus facile pour le chrétien qui n'est pas évêque, autrement dit pasteur ? Peut-il boire librement, quand il veut, et se dire qu'il n'est, après tout, pas du tout concerné par ces normes-là ?

Jésus-Christ, d'après **Apocalypse 1: 6**, *...a fait de nous un royaume de sacrificateurs pour Dieu son père, qui nous a délivrés de nos péchés par son sang.*

Le voile du temple ayant été déchiré, nous avons tous, à travers le corps meurtri de Jésus, la possibilité par la prière d'accéder au lieu très saint jadis réservé au seul souverain sacrificateur. Ainsi, même un simple chrétien a vocation à grandir dans son positionnement, devenant également utile à son maître. Puisque le temple de Dieu est également en lui, il est appelé à en prendre soin.

CONCLUSION :

Les épîtres de Paul concernant la consommation de vin ont longtemps été à mes yeux un élément de faiblesse qui ne fut point aisé à contourner chaque fois que je désirais enseigner l'abstinence au vin à un chrétien qui fait usage du vin dans sa vie. Cependant, si l'on considère qu'un enseignement biblique ne peut être parfait qu'en méditant l'ensemble des versets concernant le sujet traité, nous voyons bien, à la fin de ce livre, que le côté négatif de l'alcool dans la vie spirituelle l'emporte sur le côté positif. Le souci de fermer les brèches favorables aux ténèbres, les malheurs annoncés par les prophètes, la réalité révélée du jeûne de Jésus-Christ, ou le fait que le Saint-

Esprit ne cohabite pas avec l'alcool sont des vérités qui prennent le dessus sur une analyse laxiste. Pourtant, pratiquer un jeûne perpétuel n'est pas chose facile. C'est pourquoi Dieu qui en est parfaitement conscient n'a pas clairement imposé d'interdiction à tous ses enfants. Tout au long de la vie, l'un jeûnera sans exception, et l'autre entrecoupera son jeûne de petites consommations d'alcool aux jours de fêtes ou à quelques rares occasions spéciales. Que le second ne dise pas au premier qu'il exagère, et que le premier comprenne la faiblesse du second. Celui qui fait mieux, c'est-à-dire qui ne boit jamais, et celui qui fait moins bien, donc qui boit un verre ou deux dans l'année, sont tous deux plus agréables à Dieu que les buveurs.

Que la paix du Saint-Esprit soit avec vous.

Évry, France,

le 04 avril 214.

Table des Matières

AVANT-PROPOS..1

INTRODUCTION...2

FERMER LES PORTES DE L' ÂME AUX ESPRITS DES TÉNÈBRES..............5
   Section I- LES PERSONNAGES BIBLIQUES IMPLIQUES DANS LES MÉFAITS DU VIN..7
      1- NOE ET LA MALÉDICTION DE CANAAN...............................7
      2- LOTH ET SES DEUX FILLES...10
      3- BELSHATSAR ET LES VASES DU TEMPLE DE DIEU...........13
      4- L'ASSASSINAT D'AMNON...18

L'ALCOOL ET LES 7 CRIS DE MALHEURS ANNONCES PAR LES PROPHÈTES..22
   Section I- LES TEXTES BIBLIQUES DES CRIS DE PROPHÈTES : 23
      1-LES SIX MALÉDICTIONS D'ESAÏE..23
      2. LE MALHEUR PRONONCE PAR HABACUC.............................23
   Section II- MALHEUR AUX LÈVES-TÔT MOTIVES PAR LES BOISSONS ENIVRANTES..24
   Section III- MALHEUR AUX NOCTURNES ÉCHAUFFÉS PAR LE VIN.........25
   Section VI- MALHEUR A CEUX QUI A CAUSE DU VIN OUBLIENT L'ACTION ET L'ŒUVRE DE L'ÉTERNEL..25
   Section V- MALHEUR A CEUX QUI SONT DES HÉROS POUR BOIRE DU VIN..26
   Section VI-MALHEUR AUX CHAMPIONS DE LA PRÉPARATION DES LIQUEURS FORTES...27
   Section VII- MALHEUR AU SERVEUR DE VIN QUI JUSTIFIE LE COUPABLE POUR UN PRÉSENT...28
   Section VIII- MALHEUR A CELUI QUI FAIT BOIRE SON PROCHAIN, ET QUI L'ENIVRE 29

NÉCESSITE ET SENS DU JEÛNE CHRÉTIEN FACE A L'ALCOOL..............32
   Section I- LA RESPONSABILITÉ SPIRITUELLE DU CHRÉTIEN....................33
      1-AU MILIEU DES INCROYANTS..33
      2-AU MILIEU DES FRÈRES CHRÉTIENS.....................................34
   Section II- LE JEÛNE FACE AU VIN EST UNE ARME D'ÉLÉVATION SPIRITUELLE..36
   Section III- LE JEÛNE DU VIN DES DISCIPLES DE JÉSUS-CHRIST............38
   Section IV- LA VÉRITÉ OUBLIÉE DU JEÛNE DE JÉSUS FACE AU VIN........41
      1-SUR LE CHEMIN DE GOLGOTHA..41
      2-SUR LA CROIX DE GOLGOTHA...42

    3-LA CÈNE PARTAGÉE AVEC LES DISCIPLES D'EMMAÜS....................43
    4-L'APPARITION AUX DISCIPLES A JÉRUSALEM......................................43

LA TOLÉRANCE BIBLIQUE DU VIN NE RÉVÈLE PAS LA VÉRITÉ PROFONDE DE DIEU..45
    Section I- LA PARABOLE DE LA SORTIE DE MINUIT................................46
    Section II- PRÉTEXTES TIRÉES DES TEXTES ANCIENS............................48
        1-EXALTATION DU PSALMISTE...49
        2-LA SAGESSE DE L'ECCLÉSIASTE...50
    Section III- PRÉTEXTES TIRÉS DE LA VIE DE JÉSUS................................51
        1-L'EAU CHANGÉE EN VIN..52
        2-LE FILS DE L'HOMME MANGE ET BOIT..53
        3-LA SAINTE CÈNE ET LE VIN..54
    Section IV- PRÉTEXTES TIRÉS DES ÉPÎTRES DE PAUL............................55
        1-L'ÉPÎTRE AUX EPHESIENS:...55
        2-LES ÉPÎTRES A TIMOTHÉE ET A TITE..58
        3-L'ÉPÎTRE AUX CORINTHIENS...61
        L'ESPRIT DE DIEU NE COHABITE PAS AVEC LE VIN............................64
    Section I- LES FERMES INTERDICTIONS DE BOIRE DU VIN.....................65
        1-UNE LOI POUR TOUS LES SACRIFICATEURS.......................................65
        2-L'ANGE GABRIEL A LA FEMME DE MANOACH.....................................66
        3-L'ANGE GABRIEL A LA FEMME DE ZACHARIE.....................................66
    Section II- LES INTERDICTIONS SUBTILES DE BOIRE..............................67
        1-LE SAINT-ESPRIT OU LE VIN...67
        2-N'ATTRISTEZ PAS LE SAINT-ESPRIT..68
        3-NE DÉTRUISEZ PAS LE TEMPLE DE DIEU...69
        4-L'ÉVÊQUE CHRÉTIEN SEMBLABLE AU SACRIFICATEUR ?................69

Oui, je veux morebooks!

i want morebooks!

Buy your books fast and straightforward online - at one of world's fastest growing online book stores! Environmentally sound due to Print-on-Demand technologies.

Buy your books online at
www.get-morebooks.com

Achetez vos livres en ligne, vite et bien, sur l'une des librairies en ligne les plus performantes au monde!
En protégeant nos ressources et notre environnement grâce à l'impression à la demande.

La librairie en ligne pour acheter plus vite
www.morebooks.fr

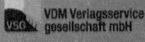 VDM Verlagsservicegesellschaft mbH
Heinrich-Böcking-Str. 6-8   Telefon: +49 681 3720 174   info@vdm-vsg.de
D - 66121 Saarbrücken   Telefax: +49 681 3720 1749   www.vdm-vsg.de

www.ingramcontent.com/pod-product-compliance
Lightning Source LLC
Chambersburg PA
CBHW022017160426
43197CB00007B/464